国際経営

原田順子・洞口治夫

(改訂新版)国際経営('19)
©2019　原田順子・洞口治夫

装丁・ブックデザイン:畑中　猛
s-63

まえがき

　本書は放送大学教養学部の専門科目「国際経営（'19)」の印刷教材（教科書）として執筆されました。放送大学のカリキュラム上，「国際経営」は重要科目として位置づけられており，執筆陣を交代しながら長期にわたり講義が続けられてきました。この本は前作『国際経営（'13)』（原田順子・洞口治夫編著）の直接的な後継科目にあたります。

　今日，ビジネスのグローバル化はますます深化しています。私たちは，現代の国際経営を理解するために必要な基礎的な事柄からわかりやすく解説するよう心掛けました。第1章から5章までは国際経営の基礎固めの第1段階と捉えてください。ここでは多国籍企業の参入形態，経営学説，国際経営とリスク，文化等を解説します。第2段階となる第6章から第9章は今日の国際競争をより詳細に理解するための着眼点（知識，技術，M&A，グローバル競争等）を示しています。企業の競争力を考えるとき，知識・技術は特に重要な要素です。では，新興国が台頭してくる際，どのように知識・技術を獲得していくのか。これは国際的な競争を理解するための普遍的テーマといえるでしょう。第3段階の学習として，第10章から12章では，東アジアの新興国企業の事例を国際技術移転，組織能力等から説明します。学習の仕上げの第4段階（第13章～15章）においては，経営の前提条件として理解しておくべき事柄（外国為替レート，人事慣行，組織管理の国際的トレンド）を学びます。

　ビジネス環境の変化の激しさが増す現代であるからこそ，理論を含めて基礎からの学習が一層重要であると考え，全体の構成を決めました。放送大学の学生のみならず，一般社会人の皆様，他大学の学生様にも，

本書を活用していただければ幸いです。

　加えて，本書と同名の放送大学ラジオ授業があり，2019〜2022 年度放送予定です。両者は補完的関係ですから，重複する部分と異なる部分で構成されています。ラジオでは，執筆者がそれぞれの担当回に講義をしていますので，時間がゆるせばぜひお聴きいただきたいと思います。また，ラジオ講義では実務家や研究者の方々のご出演が含まれている回もあり，興味深い内容になっていると自負しています。放送期間中，各回の放送日時は，毎学期放送大学のホームページで検索することができますので，一般の方々にも聴取していただければ嬉しく存じます。なお，放送大学の学生は大学のホームページからオンデマンドでいつでも聴くことができます。

　最後に，本書とラジオ講義が完成するまでにご協力くださった皆様に御礼申し上げます。資料の提供，インタビューの収録，ゲスト出演，適宜の助言など，多くの方々のお世話になりました。また，編集を担当された放送大学教育振興会の高野耕三氏とラジオ講義の制作指揮をされた放送大学制作部プロデューサーの小林敬直氏にこの場を借りて深く感謝します。

2018 年 9 月

原田順子
洞口治夫

目次

まえがき　3

1 国際経営とは　　｜原田順子　9
1．グローバル化する企業活動　9
2．多国籍企業　12

2 多国籍企業の参入形態　　｜洞口治夫　21
1．国際経営の基本類型　21
2．中間的三類型　27
3．グローバル展開した戦略　29
4．事例による理解　30

3 多国籍企業の経営学説　　｜洞口治夫　38
1．ハイマー＝キンドルバーガーの命題　38
2．経営資源説　43
3．取引費用の経済学　46
4．内部化理論　50

4 国際経営とリスク　　｜洞口治夫　57
1．多国籍企業のリスク認知　57
2．政治リスクへの対応策　60
3．テロリズムの組織原理　63
4．テロリズムへの防御策　68

5 | 多国籍企業と文化　　　| 原田順子　72

1. 日本人と国際化　72
2. 多文化と経営　75
3. 企業文化　77
4. 組織文化と社会文化　81

6 | 多国籍企業の知識と技術　　　| 洞口治夫　86

1. 多国籍企業の知識管理　86
2. 知識の基盤　88
3. 知識創造理論　91
4. 暗黙知依存の危険性　93
5. 知識を管理する国際経営　96

7 | 技術移転のサブシステム　　　| 原田順子　101

1. 多国籍企業と産業立地　101
2. グローバル・タレント・マネジメント　108

8 | 多国籍企業とM&A　　　| 洞口治夫　113

1. M&Aとグリーン・フィールド・インベストメント　113
2. コーポレート・ガバナンスとM&A　117
3. 出資比率と予算　121
4. デュー・ディリジェンスと減損損失　126

9 グローバル競争　　　　　　　　　　｜洞口治夫　131

1．インターナショナル・ビジネスと
　　グローバル・ビジネス　131
2．マルティナショナルとトランスナショナル　133
3．パールミュッターの進化論　135
4．進化方向の実証的根拠　140
5．ボーン・グローバルの発生要因　141
6．事例としての国際旅客輸送　143

10 国際技術移転と新興国企業　　　｜吉岡英美　147

1．キャッチアップ型工業化と東アジア企業の成長　147
2．後発企業への技術伝播の加速化　152

11 新興国企業の学習と組織能力

｜吉岡英美　162

1．後発国の社会的能力と学習　162
2．台湾のPC受託生産企業の学習と組織能力　164
3．韓国の半導体企業の学習と組織能力　169

12 新興国企業の台頭と日本企業の対応

｜吉岡英美　179

1．後発企業の挑戦と先行企業の試練　179
2．日本企業の試練　180
3．日本企業と新興国企業との協調関係の深化　187

13 国際経営と外国為替レート　｜ 洞口治夫　195
1．参入戦略と円高・円安　195
2．為替レートの決定理論　198

14 国際化と日本的人事慣行　｜ 原田順子　213
1．日本的職務観　213
2．長期雇用と内部育成　217
3．日本的特質と評価システム　220

15 組織管理の国際潮流　｜ 原田順子　225
1．ダイバーシティ・マネジメント（多様な人材の管理）　225
2．国際経営と企業倫理　231

索引　236

1 国際経営とは

原田順子

《目標＆ポイント》 対外直接投資，サプライチェーンの構築等，世界経済の相互依存が深化するなか，日本企業のグローバル化も進展してきた。このような変化に関して背景や課題を解説する。
《キーワード》 アウトバウンド，インバウンド，対外直接投資，対内直接投資，サプライチェーン，多国籍企業

1. グローバル化する企業活動

　国際経営論とは，国境を越えて活動する人と企業の経営問題を研究する学問である。最初に，わたくしたちの身近な経済が深く世界とつながっていることから説明する。
　私たちの暮らしを見渡してみよう。あなたが今着ている服はひょっとすると全部外国製ではないだろうか。今朝，パンを食べた人は，原料の小麦がほぼ輸入に頼っていることをご存知だろうか。パンを焼くトースターやオーブンレンジ等の家電製品にも外国製品がたくさん入ってきている。また，それらを動かす電気は外国から輸入した石油や天然ガスからつくられている。パソコンやスマートフォン等の電子機器類やソフトウェアはどうだろうか。証券投資をしている人はデータセンターが外国に置かれているかもしれない。画面をクリックするだけでインターネットを利用して海外のホテルを予約することもできる。このように現代では，「財」（ここでは物と同義）や「サービス」がやすやすと国境を越え

ている。

　では国境を越える方向性について考えようと思う。最初に、私たちが住む日本を起点とする単純化した例を示そう。日本の企業が海外に出て行うアウトバウンド（外向き）の経済活動と、海外の人や企業が日本にやってくるインバウンド（内向き）の経済活動に分けられる。アウトバウンドの経済活動である対外直接投資や輸出、ライセンシング、M&A等に関しては第2章と第8章等で詳しく説明するので参照してほしい。もしも外国の企業が日本国内に直接投資を行うならば、それは日本からみるとインバウンドである。海外からの旅行者が、日本国内の旅館に宿泊したり、日本国内で製品を日本企業から購入したりする経済行動は、インバウンドに分類できる。そうした意味では日本国内でのみ営業している企業であっても、顧客に外国人がいるとすれば、インバウンドの国際経営に携わっていると言える。

　以上は日本を起点とした説明であるが、現代の企業活動の図式はより複雑である。たとえばA国とB国で部品が生産され、C国で組み立てられ、さらに別のD国で販売されるというグローバルな製造工程間分業が実施されている。日本企業はアジアで一方的に輸入したり輸出したりしているのではなく適地調達・適地生産・適地消費を模索しながら、アジアの生産ネットワークに参加している（経済産業省、2014）。東アジア（北東アジアと東南アジア）では、発展段階の異なる国が比較的近接していたことから、国際的な工程間分業、生産拠点の集約化、最適配置が進展してきた（木村、2014）。また、このようなサプライチェーンは各国・地域間で結ばれた経済連携協定に促進され、高度化したと分析されている（経済産業省、2013）。企業間分業と企業内分業は産業特性を多かれ少なかれ反映しており、たとえば電気・電子産業の生産ネットワークは自動車産業よりも分散的になっている。〔図1-1〕は東アジア

内の地域におけるサプライチェーンを示したものである。東アジア地域においては，多くの中間財（加工品，部品）が各国の生産拠点において生産され，加工され，組み立てられている。したがって，東アジア域内においては中間財の輸出が多く，域外（NAFTA，EU）輸出は最終財が多くなっている。このように日本企業のグローバル展開は，世界経済全体の相互依存が深まるなかで進展してきた（経済産業省，2013）。

● 多くの中間財（部品）が日本，韓国及び ASEAN から中国に輸出され，中国で組み立てられた完成品が北米・EU 等の大市場国に輸出されている。
● 東アジアにわたって構築されたサプライチェーンをカバーする経済連携の実現が重要。

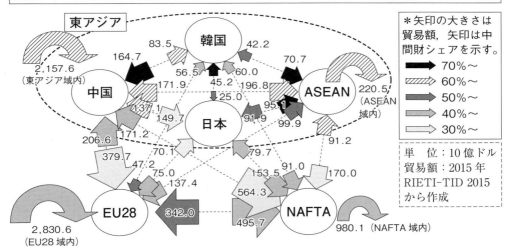

資料：RIETI-TID から経済産業省作成。

図 1-1　東アジア地域におけるサプライチェーンの実態

(出所) 経済産業省 (2017a)『平成 29 年版 通商白書』p. 285。
(注) アメリカ・メキシコ・カナダ間の経済協定である NAFTA (North American Free Trade Agreement) は USMCA (United States-Mexico-Canada Agreement) へ換わった (2020 年発効)。

　また，高価な精密機器に限らず，農産物，食品，衣料品等の比較的安価な物の貿易も盛んに行われている。その背景には，国家間で貿易促進

の仕組みが整備されてきたことに加え，特に20世紀の後半以降，輸送技術が進歩した結果，モノの移動が安く，確実になされるようになったことがある。さらに，21世紀になると，インターネット等の情報技術の進歩が，情報や金融面のグローバル化を加速させた。その結果，日本企業の事務部門が中国に置かれたり，アメリカ企業のコールセンターがインドで運営されたりということが技術的に可能になった。以上のように，「輸送技術」，「情報技術」の発展は経済のグローバル化の両輪となり，企業活動の地理的・空間的な距離の縮小に影響を与えた（石井・稲葉，2006）。

2. 多国籍企業

（1）貿易立国から対外直接投資立国へ

　本節では，経済活動のグローバル展開が進展した背景について考える。まず外国市場への参入形態について，洞口（2019）の整理にしたがって以下に紹介する。基本となるのは，①輸出・輸入，②対外直接投資（外国に企業を設立・登記し，親会社が株式を保有して永続的に経営に関わること），③ライセンシング（技術，ブランド，ノウハウ，フランチャイズ契約，著作権の許諾等を有償で行うこと）である。さらに，これらに分類しきれない中間的形態として，④国際合弁事業（対外直接投資とライセンシングの中間形態），⑤プラント輸出（輸出と対外直接投資の中間形態），⑥OEM（他社ブランドによる生産。Original Equipment Manufacturing。輸出とライセンシングの中間形態）が挙げられる。企業活動はこれらの類型を一つに絞る必要はなく，同時に複数実行することができる。したがって，1社のなかで輸出・輸入と対外直接投資やライセンシングが行われることもある。なお，海外展開をする場合，企業は自らの事業ドメイン（主軸）や事業方針に応じて，最適な

方法を選択する。そのため，上記の類型を一定の法則性にしたがって移行するというわけではない。

経済産業省（2014）の調べによると，日本企業の本社は，北米や欧州からよりもアジアの現地法人から受け取る配当・ロイヤリティが高い。そしてアジアの現地法人では，機械類（輸送機械，情報通信機械，電気機械等）や化学などの製造業が中心となっている。現在，日本企業はアジア内で工程間分業を進め，適地生産，適地調達を行っている。企業は様々な外部環境の変化に対応しながら成長して，このような体制に至ったのであるが，日本経済のグローバル化の歴史を振り返ってみたい。鈴木（2013）は戦後を10年ごとに区切り，以下のように解説している。

「**第一段階**　輸出貿易中心の時代（1950年代）
　第二段階　海外販売網設置の時代（1960年代）
　第三段階　海外生産基地立地の時代（1970年代）
　第四段階　グローバリゼーションの展開と日本的経営システム海外移転の時代（1980年代）
　第五段階　世界的規模での経営戦略の展開（1990年代以降）」

鈴木（2013, p. 12）

まず，1950年代は政府の輸出振興策のもとで原材料を輸入して加工した製品を輸出する貿易中心の時代であったが，1960年代になると企業は次第に海外販売網を構築するようになる。この頃は重厚長大型の工業製品の輸出が日本経済を牽引した。続く1970年代に日本経済の転換を促す環境変化が起きた。固定相場制（たとえば，1ドル＝360円）から変動相場制へと国際金融制度が変わり，急激に円高の時代が訪れた。さらに二度におよぶ石油危機にみまわれた結果，企業は高付加価値商品の多品種少量生産に軸足を移していった。輸入においては製品，半製品，食料品が増加した。また，1960年代後半以来の海外投資の自由化もあり，

70年代には日本製の部品を現地で組立，販売する形から海外生産が増加した。なお，1980年代になると一層の海外展開が進展することになる。1985年のプラザ合意によって主要5か国が一斉にドル安誘導をした結果，円高が劇的に進んだためである。親会社のみならず子会社も主にアジアへ向かい，複数の国をまたぐ企業内貿易（部品および完成品の海外子会社からの調達）が複雑化しながら成長した。さらに，1990年代以降，円高が部品・半製品の海外調達を進め，さらに海外生産した製品（完成品）の逆輸入を促進した。その結果，〔図1-1〕にみられるような調達・生産・流通・販売の国際的物流が求められるようになった。国際間の企業内分業に加えて，企業間分業にも対応した国際物流の効率化が，企業の発展のために重要な要素となっていった（鈴木，2013）。こうして海外拠点を有する「多国籍企業」が増加していった。

（2） 多国籍企業の成長

アメリカ人の行政家リリエンソール（D. E. Lilienthal）が初めて「多国籍企業」という言葉を使用したとされている（桑名，2006）が，現在，多国籍企業という用語に統一された定義はない。参考のため，明快な例を一つ挙げることとする。吉原（2005）は多国にまたがる事業展開という「概念」と「数量」の両面から，多国籍企業を〔表1-1〕のように定義している。

日本を代表する多国籍企業である本田技研工業の多国籍化の例をみてみよう。本田技研工業が2016年度に全世界で販売した二輪車は累計1,759万台（うち日本国内は16万台），四輪車は505万台（うち日本国内は71万台）である（本田技研工業，2018）。この数値から，同社にとっていかに海外市場が重要か理解できる。現在，本田技研工業は海外各地に販売・生産拠点等を展開しているが，1950年代に「商社を通じて」台湾へ二輪車を「輸出」したことが海外進出の始まりであった。

表 1-1　多国籍企業とは

> **多国籍企業（製造企業）**
> 　（1）最大 500 社以内（売上高基準，東京証券取引所一部上場）
> 　（2）5 カ国以上に海外製造子会社
> **多国籍企業（非製造企業）**
> 　（1）東京証券取引所一部上場
> 　（2）5 カ国以上に海外子会社

（出所）吉原英樹（2005）『国際経営論』放送大学教育振興会，p.24。

1959 年には，「自前の販売網」を有して積極的にアメリカ進出を図ろうと，ロサンゼルスに同社初の「海外現地法人」アメリカン・ホンダ・モーターが設立された（藤沢，2009）。やがて「海外生産」が 1960 年代にベルギーと台湾で，1982 年にはアメリカで開始されたのだった。今日では，南北アメリカ，欧州，アフリカ，中東，アジア，大洋州にまで同社の生産拠点は拡大している。

　企業が母国以外の国・地域へと事業を拡大して行くのは成長の機会を求めるからである（石井・稲葉，2006；周佐ほか，2009）。現在，様々な業種の日本企業が成長の機会を求めて海外に事業を展開しており，日本の対外直接投資は拡大傾向にある。〔図 1-2〕は世界の直接投資の上位 10 か国と地域を表している。対外直接投資については，日本はアメリカに次ぐ世界第 2 位である（UNCTAD，2016）。第 3 位からの順位は中国，オランダ，アイルランド，ドイツ，スイス，カナダ，香港，ルクセンブルクである。一方，対内直接投資の上位リストに日本は入らない。アメリカ，香港，中国，アイルランド，オランダ，スイス，カナダは両方向（対内・対外）の直接投資が盛んである。日本には，対外直接投資は盛んであるが，対内直接投資は比較的少ないという特徴がみられる。

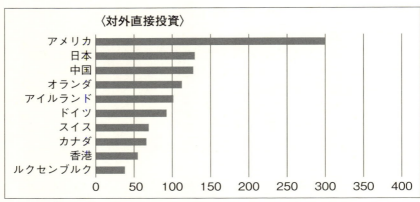
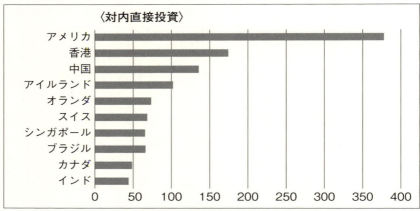

図 1-2　世界の直接投資上位 10 か国・地域
（注：2015 年フロー。単位：10 億ドル）
（出所）UNCTAD（2016）*World Investment Report 2016*, pp. 5-6 より筆者作成。

　日本企業の対外直接投資は製造業を中心に始まったが，近年では，非製造業（特に，卸売業，サービス業，運輸業）の海外現地法人のほうが法人社数のうえでは上回っている。〔図 1-3〕のように，地域別に見ると，アジア（中国，ASEAN，韓国・台湾・シンガポールからなる NIEs3,

〈業種別〉

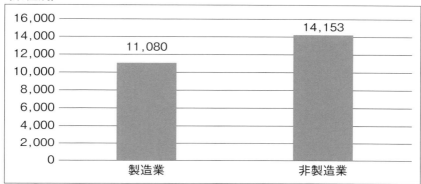

〈地域別〉

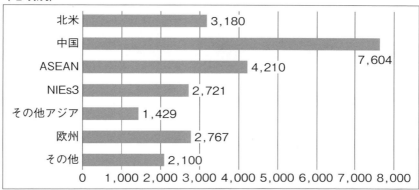

図1-3 わが国現地法人社数

（出所）経済産業省（2017b）『第46回海外事業活動基本調査結果概要：2015年度実績/2016年7月1日調査』
〈http://www.meti.go.jp/statistics/tyo/kaigaizi/result/result_42.html〉2018年2月28日検索。

その他アジア）が6割以上を占め，それに北米，欧州が続く形になっている。日本企業はこれら3地域を中心に対外直接投資を展開しているこ

とがわかる。

　多国籍企業には多国間で最適なサプライチェーンを構築したがためのリスクもある。2011年秋，タイで記録的な洪水が発生し，工業団地が冠水するなどの経済的な被害が生じた。その結果，タイで生産されるはずの部品や資材のサプライチェーンが寸断され，日本国内の企業の操業にも影響が及んだことが大きなニュースとなった。この例からも推測されるように企業経営の難しさが増している。国内では経験しないような，天災，政治的リスク，労働問題（労働争議，児童労働等），慣習や宗教面への配慮を怠って，企業が不買運動に巻き込まれた例もある。海外に進出した企業は，政治的環境（イデオロギー，官民協調の度合い等），文化的環境（宗教，習慣，美意識等），経済的環境（関税，輸出入の数量制限等），金融環境（為替レート，金利等）に向き合う必要があるからである（石井・稲葉，2006）。海外で成長するためには，これらの課題に適切に対処していかねばならない。

　本章では国際経営に関する基本事項を整理した。次章以降は，国際経営や多国籍企業の専門的項目（参入形態，経営学説，リスク，経営文化，知識と技術，M&A）を学習する。その後，グローバル競争について理解を深めたうえで，新興国企業の台頭や組織能力について事例を交えて解説する。また，外国為替レート，組織管理（人事的側面）についても説明する。

《学習課題》
1．情報技術の発達に関連して，国際経営にどのような影響が起きたか振り返ってみよう。また，今後，情報技術の発展が企業経営の何を変えるか考えてみましょう。

2．あなたの知っている多国籍企業のWeb等で沿革をみて，グローバル化（輸出，対外直接投資等）の進展具合を調べてみましょう。

《日本語引用文献》

　本章は原田順子・洞口治夫『新訂　国際経営』(2013年，放送大学教育振興会) の第1章「国際化の進展と日本」(原田順子) を基に，下記の原田順子 (2015, 2016ab) から一部引用し，加筆修正したものである。

- 石井真一・稲葉祐之 (2006)「国際化のマネジメント」，加護野忠男・吉村典久『1からの経営学』第8章，中央経済社．
- 木村福成 (2014)「東アジアの経済統合と運輸インフラ」『運輸と経済』74 (12), pp. 17-23.
- 桑名義春 (2006)「国際ビジネスとは」，江夏健一・桑名義春『新版 理論とケースで学ぶ国際ビジネス』第1章，同文館出版．
- 経済産業省 (2013)『通商白書2013』．
  〈http://www.meti.go.jp/report/tsuhaku2013/2013honbun/index.html〉2014年2月3日検索．
- 経済産業省 (2014)『通商白書2014』．
  〈http://www.meti.go.jp/report/tsuhaku2014/2014honbun/i2320000.html〉2015年2月28日検索．
- 経済産業省 (2017a)『平成29年版 通商白書』．
  〈http://www.meti.go.jp/report/tsuhaku2017/index.html〉2018年2月28日検索．
- 経済産業省 (2017b)『第46回海外事業活動基本調査結果概要：2015年度実績/2016年7月1日調査』．
  〈http://www.meti.go.jp/statistics/tyo/kaigaizi/result/result_42.html〉2018年2月28日検索．
- 周佐喜和・竹川宏子・辻井洋行・仲本大輔 (2009)『専門基礎ライブラリー経営学2：グローバル・環境・情報社会とマネジメント』実教出版．
- 鈴木暁 (2013)「国際物流の現代的特徴」，鈴木暁編著『国際物流の理論と実務 (五

訂版)』第 2 章，成山堂書店．
- 原田順子（2015）「グローバル化する企業活動」，原田順子・北川由紀彦『グローバル化と私たちの社会』第 4 章，放送大学教育振興会．
- 原田順子（2016a）「わが日の本は島国よ」，池田龍彦・原田順子『海からみた産業と日本』第 1 章，放送大学教育振興会．
- 原田順子（2016b）「経済と運輸〜島国日本の今〜」，池田龍彦・原田順子『海からみた産業と日本』第 2 章，放送大学教育振興会．
- 藤沢武夫（2009）『松明は自分の手で』PHP 研究所．
- 洞口治夫（2019）「多国籍企業の参入形態」，原田順子・洞口治夫『改訂新版 国際経営』第 2 章，放送大学教育振興会．
- 本田技研工業株式会社（2018）
  〈http://www.honda.co.jp/guide/corporate-profile/pdf/Honda_CorporateProfile_digest_2017.pdf〉2018 年 2 月 28 日検索．
- 吉原英樹（2005）『国際経営論』放送大学教育振興会．

《外国語引用文献》

- UNCTAD（2016）*World Investment Report 2016*，
  〈http://unctad.org/en/PublicationsLibrary/wir2016_en.pdf〉2017 年 2 月 27 日閲覧．

2 | 多国籍企業の参入形態

洞口治夫

《目標＆ポイント》 国際経営の主体である多国籍企業は，様々なビジネスを展開している。外国市場で活動することを参入（entry）といい，参入形態（entry mode）とは，ビジネスのやり方のことを指している。本章では，国際ビジネスの方法を分類し，理解する。参入形態が異なれば，経済環境の変化がビジネスに与える影響も異なることを解説する。

《キーワード》 参入（entry），退出（exit），輸出（export），輸入（import），貿易（trade），対外直接投資（FDI, foreign direct investment），ライセンシング（licensing），OEM（相手先ブランドによる生産，Original Equipment Manufacturing），プラント輸出（turnkey agreement），国際合弁事業，戦略的提携，キャピタル・ゲイン，インカム・ゲイン

1. 国際経営の基本類型

（1） お寿司の国際性

　水産事業に携わる東証一部上場企業，東都水産株式会社の2017年3月期有価証券報告書には，主力商品のマグロについての記述がある。「国内近海物(きんかいもの)は不漁による入荷減(にゅうかげん)で売上を減らしましたが，それを養殖物(ようしょくもの)やオーストラリア・ニュージーランド等海外からの集荷(しゅうか)によりカバーし，鮪(まぐろ)全体としては前年取扱(とりあつかい)金額を上回る結果となりました」[1]とある。

　また，海外子会社についての記述もある。「冷蔵倉庫及びその関連事業部門におきましては，在外子会社のAERO TRADING社（カナダ・

---

1) 東都水産株式会社，有価証券報告書，2017年3月，p.8。

バンクーバー市）が好調を維持し，同部門の売上高は前連結会計年度に比べ，0.6％増加の9,676百万円となりました」[2]としている。同社の連結売上高は1,192億円[3]であり，そのうちの96億円がカナダでのビジネスから得られていることがわかる。AERO TRADING社のホームページを見ると，バンクーバーとポート・エドワードに2か所の工場を有し，鮭(さけ)，いくら，数(かず)の子(こ)，カナダ産のボタンエビやシュリンプなどの製品を，日本，アジア，ヨーロッパ諸国に輸出していることが記されている[4]。東都水産は，オーストラリア・ニュージーランド等からマグロを輸入している。また，カナダの工場で加工した鮭，いくら，数の子といった様々な海産物を，アジアやヨーロッパ諸国に輸出している。その一部は日本に輸出され，居酒屋チェーン店などの外食産業や多様な流通経路を経て私たちの食卓に並び，日本の食文化をつくりあげている。

　輸出や輸入，海外での工場運営など，国際的にビジネスを行う方法は多様である。それらを分類して理解することが本章の目標である。分類を明確に行うために，いくつかの基本的な概念から確認したい。

（2） 国際経営戦略の体系性

　経営学には体系性がある。経営学とは，企業活動に伴う諸問題を解決するための科学的なアプローチの総称である。経営学には，大別して，戦略論，組織論，管理論の大きな研究領域がある。戦略論とは，企業が何をするべきか，に関わる諸問題を研究する学問である。組織論では，企業を構成するメンバー相互の関係性や権限のあり方を研究する。管理論は，生産，販売，財務，人事，情報，知識といった仕事領域の対象ごとに分かれている。

　本章は，経営学における戦略論のなかの国際経営戦略について議論している。経営戦略論では，起業，新規事業開発，多角化，国際化，コーポレート・ガバナンスといったテーマが探究されるが，本章はそのなか

---

[2] 東都水産株式会社，有価証券報告書，2017年3月，p.8。
[3] 東都水産株式会社，有価証券報告書，2017年3月，p.2。
[4] http://www.aerotrading.ca/j/company.html より引用。2018年2月15日にホームページを確認。

の国際化に関する戦略を扱う，という意味である。

　経済学の用語では，企業がある市場で活動することを参入（entry）という。多国籍企業とは自国の市場だけでなく外国の市場にも参入する企業のことである。参入の反対は退出（exit）であり，企業が市場での活動をやめることを意味している。外国市場への参入には，様々な方式があり，多国籍企業のなかには複数の参入方法を同時に採用している場合もある。

　第一の類型群は①輸出・輸入，②対外直接投資，③ライセンシングの基本類型である。第二の類型群はそれらの中間に位置する④国際合弁事業，⑤プラント輸出，⑥OEM（相手先ブランドによる生産，Original Equipment Manufacturing）である。第三の類型群としては，3社以上の企業による⑦戦略的提携がある。参入戦略を7つに分類しておくことで，多様な国際経営戦略を整理して理解することができる。

（3）　基本3類型

　以下では，企業の経営戦略を前提として，外国市場への参入戦略について説明する。参入戦略の基本類型と呼べるのは，①輸出・輸入，②対外直接投資，③ライセンシングである。

　①**輸出**（export）と**輸入**（import）は，総称して貿易（trade）と呼ばれるが，外国市場に対する製品の販売，あるいは，外国市場から製品を購入することを意味する。輸出とは，一国の財を他の国で販売することであり，国境を越えた商業的取引である。輸入は，他国の財を買い付けて，自国で販売することである。モノの移動を中心としている点で，製品だけでなく農水産物，原材料の取引を含み，第一次産業，第二次産業における財の移動が中心である。人類が，モノとモノ，モノと貨幣との交換（trade）を開始し，そして国家の領土を画定したときから存在したのが国際貿易（international trade）という取引形態であり，その

歴史は古い。

　サービス産業については，サービス貿易という言い方がある。これは，私たちがカード会社を利用して海外での支払いをするとき，カード会社が取り扱い手数料を得るサービス手数料，海外旅行の航空運賃，物流を行うロジスティックス企業が外国に荷物を運搬するときに荷受代金を得る場合などが，これに該当する。

　貿易については，経済学の分野において，貿易論，国際経済論といった研究領域があり，数学的に抽象化された水準でのモデル分析と統計データに基づいた推計などが行われている。たとえば，TPP（Trans-Pacific Partnership，環太平洋戦略的経済連携協定）が結ばれて関税が下げられたときに，どれだけの農産品輸入の増加が見込まれるのか，といった問題を議論するときに，こうしたアプローチが採用される。

　②**対外直接投資**（FDI, foreign direct investment）とは，外国企業に対する永続的な経営への関与を目的として株式を保有することを意味する。対外直接投資は，海外直接投資とも，たんに直接投資とも呼ばれる。世界各国の政府が作成する統計上は10パーセント以上の出資比率によって直接投資と認定される場合が多い。出資比率100パーセントの直接投資を完全所有という。

　対外直接投資を行っているとき，その投資先となる外国企業を在外子会社と呼ぶ。直接投資が輸出を代替しうる製造拠点の場合には「現地生産」とも表現される。外国で販路を拡大するための販売代理店は「輸出拠点」とも言われるが，その販売代理店が法人格を有していれば直接投資に分類される。総合商社が外国に支店を置くことも直接投資である。その商社が外国支店からの輸入を行うとき，それを企業内貿易と呼ぶ場合がある。

　対外直接投資の対義語としては，対外間接投資ないし対外証券投資

(foreign portfolio investment）がある。これは，外国企業の株式を保有しても，経営への関与を目的としない場合を指す。対外証券投資では，株式を購入して一定期間保有したのちに売却して売却益を得るか，あるいは，保有期間中に配当を手にすることが目的である。

　企業財務の基本的な用語としてキャピタル・ゲインとインカム・ゲインの違いを理解しておくことは重要である。株式の売却益のような資産の売買差益をキャピタル・ゲインという。キャピタル・ゲインを手に入れるための資産は，土地，建物，証券，絵画，プロ野球選手のサインボールなど，資産としての価値を認める人が存在するものであればよい。対外証券投資によって外国企業の証券を保有して，その証券価格が高くなったときに売却すれば，キャピタル・ゲインを得ることができる。

　株式の配当のように，資産からもたらされる収入のフローのことをインカム・ゲインという。土地であれば地代，建物であれば賃貸料(ちんたいりょう)，証券であれば配当(はいとう)がインカム・ゲインの例である。絵画やプロ野球選手のサインボールなどは，それらを展示館に陳列したときに鑑賞料金を支払おうとする人が存在すればインカム・ゲインを生み出すことになる。絵画を持っているだけではインカム・ゲインが生まれないのは，土地を持っているだけで地代を得ることができないのと同様である。たとえば，土地を駐車場として整備し，利用する客を探すという作業がなければ駐車料金という地代を得ることはできない。

　対外証券投資とは出資比率にかかわらず株式を保有していることを指し，外国企業の経営に永続的に参加しようとしているとも限らない。対外証券投資ではキャピタル・ゲインの獲得が重要な目標となる。ただし，対外直接投資でも，対外証券投資でも，外国企業の株式を保有しており，その企業が利益を上げて配当を出していれば，配当を手にすることはできる。

③ライセンシング（licensing）とは，技術・ブランド・ノウハウ・特許・著作権などを有償で供与する対価として，ロイヤリティ・フィー（ライセンシング料）を受け取る活動をいう。こうした活動は，一般的には「技術供与」あるいは「ライセンシング契約」などと呼ばれる。技術やブランドなどを供与する側となるライセンシング契約の主体をライセンサー，ロイヤリティ・フィーを支払う側をライセンシーという。

ライセンシング契約に基づく業態としては，フランチャイズ・ビジネスと呼ばれる形態があり，ヒルトン・ホテルのような大規模ホテルチェーンの設立と運営，マクドナルドのような外食産業，セブンイレブンのような小売業での多店舗展開を可能にした経営手法である。この場合の技術には，フランチャイズ契約による店舗展開のノウハウや，店舗の看板に利用されるブランドの使用料も含まれる。また，楽曲やマンガなどの著作権の許諾などもライセンシングに含まれる。

ライセンシングと直接投資との違いは，前者を行う海外の企業に対して，本国の企業からの投資が行われないことである。純粋な形態としては，ライセンシングでは出資比率はゼロパーセントであり，直接投資では100パーセントの出資である。すなわち，純粋なライセンシングの場合，財務会計上の自己資本に該当する株式への出資が行われていないことが最大の違いである。

東京ディズニーランドは，純粋なライセンシング契約の典型的な事例である。千葉県・浦安市に立地する東京ディズニーランドを運営する会社はオリエンタルランドであり，オリエンタルランドに対してアメリカのウォルト・ディズニー本社からの出資は行われていない。フランスには，ユーロディズニーがあるが，こちらにはアメリカのウォルト・ディズニー本社からの出資が行われている。この場合には，ライセンシング契約と直接投資が同時に行われていることになる。

2. 中間的三類型

　上記の基本的な三類型の中間的な参入形態がある。それは，④国際合弁事業，⑤プラント輸出，⑥ OEM（相手先ブランドによる生産，Original Equipment Manufacturing）である。

　④国際合弁事業とは，新規事業を立ち上げるときに，2社以上の企業が出資することによって外国に企業を設立することを意味する。合弁事業は，国内においても多くみられる。これは，ライセンシング契約が国内の企業間で結ばれることと同様である。国際経営戦略としての合弁事業（JV, Joint Venture）は，ライセンシング契約と完全所有の対外直接投資の中間的形態である。ライセンシング契約のみが交わされている場合には，多国籍企業の本社からの出資を必要としていない。出資比率はゼロパーセントである。完全所有の直接投資であれば，出資比率100パーセントである。合弁事業は，出資比率がゼロパーセントでもなく，100パーセントでもない，という意味で中間的である。

　国際的なライセンシング契約と直接投資との間に出資比率という軸を置くと，国際合弁事業とは，複数の企業が出資を行うことによって単一の企業経営に関与することを指していることがわかる。ライセンシング契約を結ぶ企業間の関係を密にするために，数パーセントから数十パーセント程度の資本を出資する試みは多く，そのことは結果的に合弁事業を成立させていることになる。

　M&A（merger and acquisition）とは合併・買収の略称であり，既存企業の株式を，別の企業が取得する活動を意味する。M&A の結果として，完全所有の子会社となるか，合弁事業となるかは，出資比率に依存する。出資比率が重要なのは，企業の一年間の活動報告と決算報告を行う株主総会において，経営方針の承認が，株主によって行われるから

である。M&Aについては，本書第8章において改めて解説する。

　⑤**プラント輸出**（turnkey agreement）は，対外直接投資と輸出との中間的形態である。輸出・輸入と直接投資との間に，輸出される製品の可動性という軸を置いてみると，そこにはプラント輸出と呼ばれる輸出の形態が位置づけられる。「輸出」される製品は，移動可能な財ではなく，石油精製，化学などの工場（プラント）である。当然のことながら，移送することはできず，要請された場所に工場を建設することになる。プラント輸出と同様の活動に対して，BOT，すなわち，Build（建設），Operation（運営），Transfer（引き渡し）という呼称やターンキー契約という呼称もある。ターンキー（turnkey）契約とは，工場設備を起動する鍵を回すだけで機械設備全体が動く状態にして工場を引き渡す契約というほどの意味である。

　直接投資は，企業を海外に設立する活動である。製造業であれば，工場が設立される。設立された工場は，永続的な企業活動の中心として，投資主体である多国籍企業によって運営される。プラント輸出の場合，工場は設立されるが，それは発注者に販売されるのであって，プラント輸出をした業者が企業経営に携わるわけではない。ただし，工場の操業方法を現地企業に教えることまでを契約内容に含めてプラントを販売する場合もある。プラント輸出の典型例としては，日本のエンジニアリング企業が，中近東やアフリカで石油化学プラントを建設して販売する事例がある。本書第4章では，そうした企業の事例を扱う。

　⑥輸出・輸入とライセンシングとの間に，ブランドの認知度という軸を置くと，**OEM**（Original Equipment Manufacturing，相手先ブランドによる生産）という戦略があることがわかる。OEMは，輸出とライセンシング契約の中間的形態であるとみなされる。すなわち，自社ブランドではなく，製品販売を担当する企業のブランドをつけた製品の製造

を他社に委託することである。

　OEM とは，たとえば，日本のアパレル・メーカーが中国メーカーと契約し，中国メーカーが日本企業のブランド名をつけた製品を製造して，日本企業に納めることをいう。したがって，自社ブランド製品を販売する日本企業からすれば，自社の製品に満たされるべき品質・性能を維持するために，OEM 供給を行う中国企業に技術指導や工場の監督指導を行うことになる。なお，OEM は，国内企業間でも行われるので，必ずしも国際的な広がりをもつとは言えない。

　以上，6つの基本類型は，排他的なものではない。つまり，直接投資を行いながらライセンシング契約をして，同時に OEM による輸入をするということもある。

3.　グローバル展開した戦略

(1)　第7の分類

　基本6類型のほかに，3社以上の企業による「**戦略的提携**」がある。国内のビジネスでも業務提携ないしコラボ（collaboration, 共同制作の略）などと呼ばれる協業の形態があるが，国際的な「戦略的提携」の場合には，短期のプロジェクトを遂行するための業務提携というよりは，むしろ，より長期の提携を意味している。「戦略的提携」では，出資関係がない長期の業務提携の場合もある。

　「戦略的提携」によって共同ブランドを立ち上げているケースとしては，全日空が加盟するスターアライアンスが挙げられる。1997年5月14日エア・カナダとルフトハンザドイツ航空，スカンジナビア航空，タイ国際航空，ユナイテッド航空の5社がスターアライアンスを設立し，その後，1999年に全日空が正式メンバーとして加わった。2018年2月現在では，世界28の航空会社が加盟している。国際線のアライア

ンスによって，世界の各都市が単一の予約手続きで結ばれることになった。マイレージ・プログラムの共通化，共同運航便による顧客の利便性確保などのメリットもある。

(2) 類型化の意義

このように参入戦略を類型化しておくことは，経営環境の変化と国際的な企業活動との対応を理解することに役立つ。為替レートの変動を例として考えてみよう。円高ドル安の状態では，日本からアメリカへの輸出が困難になる。しかし，合併・買収（M&A）を行ってアメリカに生産拠点を設けようとするときには有利に働く。円高であれば海外資産は割安になるからである。日本企業の技術をアメリカ企業にライセンシングしてドル建てでライセンシング・フィー（技術利用料）を手に入れるときには，円高で日本円での受け取り額は目減りするが，逆に，アメリカ企業からライセンシングを受けて技術や特許を利用しようとするときには円高が有利に働く。円高ドル安の影響は，外国市場への参入形態に応じて異なる。

4. 事例による理解

ケース(1) 明治期の貿易

三井物産，三菱商事といった日本の総合商社は，輸出・輸入の活動を130年以上継続してきた企業である。ウィルキンス（1994）によれば，明治維新ののち，1879（明治12）年には三井物産がニューヨークシティ事務所を開設している。その後，1881年までには日本から14の商社がニューヨークシティに支店を開設し，合計で31名の従業員を雇用していたという。この当時，アメリカ市場に進出した総合商社は，アメリカ南部で生産される原綿の輸入を行っていた。1879年に三井物産がニューヨークシティに開設した事務所は，三井物産から事務所への株式

出資による直接投資である。ウィルキンス（1994, p.134, 注3）によれば，このニューヨークシティの事務所は1880年代の初めに休眠し，1890年代中盤に再開したという。

　商社が貿易を行うときには補完的な業務が必要となる。貿易代金の決済のための外国為替業務を行う銀行，貿易する財の輸送を担当するロジスティックス企業，ロジスティックス企業の輸送に対してかけられる損害保険を扱う損害保険会社である。三菱UFJ銀行に改称した旧・三菱東京UFJ銀行は，三菱銀行，東京銀行，UFJ銀行が合併（がっぺい）して成立したが，東京銀行の前身である横浜正金（しょうきん）銀行は，1880年にはニューヨークに代理店を開設し，その後，サンフランシスコ，ロスアンジェルス，ハワイに支店を開設していった。ロジスティックス企業として輸出入品を運搬したのは日本郵船であり，それらの運送品に対する損害保険を請け負ったのは1879年に設立された東京海上保険であった。同社は，1918年に東京海上火災保険に社名変更し，2004年には日動火災海上保険と合併して東京海上日動火災保険となった。明治時代の対米貿易のケースでは，総合商社である三井物産，三菱商事の活動は「輸入」であり，横浜正金銀行，日本郵船，東京海上保険が受け取った手数料，料金，保険料などは「サービス貿易」に分類される。

　130年以上前に国際化というベンチャー・スピリッツを発揮した企業は，現代でも優良企業であり続けている。三井物産，三菱商事，三菱UFJ銀行，東京海上日動火災保険といった企業は大学生の就職希望企業として常に上位にランキングされている。日本において自動車が普及したのちの東京海上日動火災保険のメインビジネスは自動車損害保険であるが，「海上」という名称の由来は明治時代の国際化に由来している。

ケース(2) 吉野家の海外店舗

〔表2-1〕は，(株)吉野家ホールディングスと(株)壱番屋による海外戦略対応のためと推定される子会社の一覧である（2018年2月現在）。「吉野家」ブランドでフランチャイズ店舗を増やす牛丼チェーン店と「カレーハウスCoCo壱番屋」ブランドでカレー店舗を展開するカレーチェーン店は，それぞれの海外フランチャイズ店舗を展開している。フランチャイズ契約を円滑に行うために，アメリカ，中国，マレーシア，香港に在外子会社が設立されていることがわかる。つまり多数のライセンシング契約をマネジメントするために直接投資が行われていることになる。

〔表2-2〕では，両社の海外店舗数を2007年と2017年について比較した。吉野家の場合，2007年5月には海外281店舗が記載されていたが，2017年2月には708店舗へと2倍以上の増加を示している。壱番屋は，2007年5月には海外14店舗であったが，2017年2月には161店舗へと10倍以上の増加を示している。壱番屋は，韓国とタイにおいて吉野家の店舗数を上回っており，国際経営戦略としてこの2か国を重視していることがわかる。

ケース(3) 日本トイザらス（株）

日本トイザらス（株）は，おもちゃの小売チェーン店である。アメリカに本社を置くトイザらス社が日本に進出したのは日本マクドナルドの創業者・藤田田がライセンシング契約を結んだことによる。1991年，日本における第1号店を開店したときには，大規模小売店舗法による出店規制を打ち破った存在として有名になった。当時，日本トイザらス（株）はアメリカのトイザラス・サービス・インク社およびジェフリー・インターナショナル・エル・エル・シー社とライセンス契約を結んでおり，登録商標の使用，小売店舗の営業権についての独占的な許諾契約を

表 2-1　ライセンシング・ビジネスのための海外戦略対応子会社の事例
● 吉野家の海外戦略対応子会社

子会社名	立地場所	資本金または出資金	関係内容
YOSHINOYA AMERICA, INC.	米国カリフォルニア州	8百万USドル	吉野家の商標と商品・運営ノウハウ等に対してロイヤリティを受入れている（注1）
吉野家（中国）投資有限公司	中国上海市	3億600万中国元	吉野家の商標と商品・運営ノウハウ等に対してロイヤリティを受入れている（注1）
ASIA YOSHINOYA INTERNATIONAL SDN. BHD.	マレーシアセランゴール州	1億1,300万リンギット	吉野家の商標と商品・運営ノウハウ等に対してロイヤリティを受入れている（注1）

（注1）（株）吉野家ホールディングス，2017年2月期有価証券報告書 P.7 に記載。
（出所）（株）吉野家ホールディングス，2017年2月期有価証券報告書 P.7 より作成。

● 壱番屋の海外戦略対応子会社

子会社名	立地場所	資本金または出資金	関係内容
壱番屋国際香港有限会社	香港	750万香港ドル	店舗運営指導及び貿易業務（注2）

（注2）（株）壱番屋，2017年2月期有価証券報告書 P.7 に記載。
（出所）（株）壱番屋，2017年2月期有価証券報告書 P.7 より作成。

表 2-2 （株）吉野家ホールディングスおよび（株）壱番屋の海外店舗数

	吉野家の店舗数		壱番屋の海外店舗数	
	2007年5月	2017年2月	2007年5月	2017年2月
中国	130	440	7	56
北京	60	214	na	na
内蒙古自治区	2	12	na	na
遼寧省	23	75	na	na
上海	11	8	na	na
福建	na	12	na	na
深圳	3	30	na	na
青島	na	11	na	na
武漢	na	10	na	na
黒龍江・吉林	na	10	na	na
香港	31	58	na	8
アジア・オセアニア	68	167	3	96
台湾	43	58	3	27
韓国	na	na	na	25
シンガポール	15	12	na	6
マレーシア	3	11	na	1
フィリピン	5	12	na	6
インドネシア	na	57	na	4
タイ	na	14	na	27
カンボジア	na	3	na	na
オーストラリア	2	na	na	na
アメリカ	83	101	4	9
全世界合計	281	708	14	161

（注）（株）吉野家ホールディングスおよび（株）壱番屋の海外店舗数について，現地法人の直営店数とフランチャイズ店の店舗数は不明である。
（出所）（株）吉野家ホールディングスについては，同社ホームページ，
https://www.yoshinoya-holdings.com/ir/report/shoplist.html
およびリンクされた PDF ファイルのデータを 2018 年 2 月 15 日，確認のうえ筆者作成。（株）壱番屋については，EDINET に掲載された同社の 2007 年 2 月および 2017 年 2 月の有価証券報告書「海外国別出店状況」より作成。

結んでいた。日本トイザらス（株）は，前記商標を認知しうる小売店舗及び電子商取引における総収入に対して3％のロイヤリティを米国契約当事者に支払う契約を結んでおり，その契約期間は2000（平成12）年2月1日より20年間，以降10年毎の更新となっていた[5]。

　日本トイザらス（株）は「ディズニー商品の直輸入を玩具小売業として初めて実現」[6]したとしており，この意味ではライセンシング契約に並んで輸入をしていたことになる。2007年当時，日本トイザらスに対して日本マクドナルドホールディングス株式会社が10.37パーセントの株式を保持し，筆頭株主に次ぐ第2位の株式を保有していた。〔表2-3〕には，日本トイザらスによる日本市場への参入とフランスの大手流通業者カルフールの動向などをまとめた。

---

5) 日本トイザらス（株），2007年有価証券報告書，pp.9～17より引用。
6) 同上，p.9参照。

表 2-3　日本トイザらスとカルフールなどの対日市場参入

年	内容
1991	・日本トイザらス，1号店・荒川沖店（茨城県阿見町）開店。
1992	・改正大規模小売店舗法施行。
1999	・日本トイザらス，売上高1,000億円突破（1998年度）。
2000	・日本トイザらス，ジャスダック上場，100店舗突破。
	・カルフール，日本進出1号店となる幕張店（千葉市）を開店。
	・会員制卸売りのコストコ（アメリカ），千葉市に2号店をオープン。
2001	・カルフール，日本進出2号店「カルフール南町田」を東急田園都市線沿線に開店。
	・カルフール，大阪府和泉市に3号店を開店。
2002	・トイザらスの新業態「ベビーザらス」出店。
	・ウォルマート（アメリカ），西友を傘下に。
	・メトロ（ドイツ），業務用の会員制卸売。丸紅と合弁で2店舗。
2003	・テスコ（イギリス），英国最大手の食品スーパー日本進出。
2004	・アマゾンが玩具販売開始。
2005	・米トイザらスが米投資会社の傘下に。
	・バンダイとナムコ合併発表。タカラとトミー合併発表。
	・カルフール，日本国内の全8店舗をイオンに売却。売却金額は100億円弱か。
2008	・日本トイザらス1号店・荒川沖店（茨城県阿見町）閉店。
2010	・日本トイザらス，ジャスダック上場廃止。
2011	・日本トイザらスが納入業者への不当な減額をしたとして，公正取引委員会は独占禁止法違反（優越的地位の乱用）を認定。課徴金約3億7千万円の納付を命じた。
2014	・「トイザらス・ベビーザらス 徳島店」を徳島県北島町に7月オープン。同社の店舗は徳島県内では初，四国では6カ所目。
2016	・日本トイザらスは出店から25年を記念したイベントを東京都港区のアクアシティお台場3Fアクアアリーナで開く。
2017	・米トイザらスは9月18日（日本時間19日），連邦破産法11条の適用を米裁判所に申請し，経営破綻。
	・日本トイザらスは「日本は手続きの対象外で，直接影響しない」（広報）としている。

（出所）日本経済新聞，2011年8月9日，同年12月30日各朝刊，讀賣新聞，2000年10月21日，2001年1月5日，2003年6月11日，2005年3月11日各朝刊，朝日新聞，2000年10月21日，2000年12月16日，2011年12月14日，2014年5月14日各朝刊，2016年10月3日夕刊，2017年9月20日朝刊より作成。

《学習課題》
1. 自動車メーカーのホームページを探し，その会社がどのような海外展開をしているか，記載事項やデータを読んでみましょう。
2. 表2-3をもとに，フランスの大手スーパー・マーケット，カルフール（Carrefour）の対日参入の動向をまとめるとともに，インターネットで同社の海外戦略に関する情報を集めてみましょう。
3. ウィルキンス（1994）には，第二次世界大戦前にアメリカで活動した美術商・山中商会についての記述が出てきますが，その経営史については十分な記述がありません。朽木（2011）を読み，山中商会の経営史と日本美術の輸出について理解を深めましょう。

参考文献

本章は原田順子・洞口治夫『新訂　国際経営』（2013年，放送大学教育振興会）の第2章「多国籍企業の参入形態」（洞口治夫）を基に，加筆修正したものである。

- ウィルキンス，マイラ（1994）「日本企業対米進出の100年」安保哲夫編著『日本的経営・生産システムとアメリカ―システムの国際移転とハイブリッド化―』第3章，洞口治夫訳，ミネルヴァ書房.
- 朽木ゆり子（2011）『ハウス・オブ・ヤマナカ―東洋の至宝を欧米に売った美術商―』新潮社.（改題・文庫本，朽木ゆり子（2013）『東洋の至宝を世界に売った美術商―ハウス・オブ・ヤマナカ―』新潮文庫.）
- 高橋伸夫・中野剛治編著（2007）『ライセンシング戦略―日本企業の知財ビジネス―』有斐閣.
- 洞口治夫（1992）『日本企業の海外直接投資―アジアへの進出と撤退―』東京大学出版会.
- 洞口治夫・行本勢基（2012）『入門・経営学―はじめて学ぶ人のために―』第2版，同友館.
- 吉川達夫・森下賢樹・飯田浩司（2011）『ライセンシング契約のすべて（基礎編）―ビジネスリスクと法的マネジメント―』第2版，レクシスネクシス・ジャパン.

3 | 多国籍企業の経営学説

洞口治夫

《目標＆ポイント》 多国籍企業は、なぜグローバルにビジネスを展開できるのだろうか。海外でビジネスを展開できる企業と、それができない企業との間には、どのような違いがあるのだろうか。なぜ、ある企業は外国に直接投資をし、別の企業は外国企業にライセンシング契約をするのだろうか。本章では、なぜこうした参入形態の選択が行われるのか、について積み上げられてきた国際経営学者の理論的な説明を解説する。

《キーワード》 ハイマー＝キンドルバーガーの命題、対外証券投資（foreign portfolio investment）、対外直接投資（foreign direct investment）、経営資源（managerial resources）、取引費用（transaction cost）、内部化理論（internalization theory）、折衷理論（eclectic theory）、限定された合理性（bounded rationality）、機会主義（opportunism）

1. ハイマー＝キンドルバーガーの命題

　トヨタ自動車株式会社のホームページには、「2017年12月末現在、トヨタには28ヶ国／地域に51の海外の製造事業体があり、グローバルに事業展開しています。また、トヨタ車は、海外の170ヶ国／地域以上で販売されています。」[1]という記載がある。国際化を進める日本企業の代表例として、トヨタの事例は数多くの新聞記事、雑誌記事、研究論文のテーマとなって伝えられてきた。なぜ、トヨタは世界28の国ないし地域において製造活動を行うことが可能なのだろうか。
　本章では、なぜ特定の企業が海外で活動できるのかを説明する国際経

---

1) トヨタ自動車株式会社ホームページ
http://www.toyota.co.jp/jpn/company/facilities/worldwide/index.html より引用。2018年5月15日確認。

営の理論を解説する。第2章で見たように，企業が海外に子会社を設立して活動する対外直接投資や，海外の企業に技術を供与するライセンシング契約など，様々な参入形態がある。特定の参入形態が採用される理由について，国際経営の研究が積み上げられてきた。そうした学説には，その学説を提唱した学者の名前や，学説の内容を端的に示した用語がつけられている。たとえば，ハイマー（Hymer）やキンドルバーガー（Kindleberger）による産業組織論アプローチ，コース（Coase）やウィリアムソン（Williamson）の取引費用の経済学，バックリー（Buckley）とカッソン（Casson），ラグマン（Rugman）らの内部化理論，ダニング（Dunning）の折衷理論などが，そうした理論の例である。これらの理論は，20世紀後半に発展した。

　理論を考え出した学者の名前を冠して，その理論内容を略称することは，すべての学問で通例となっているが，国際経営の理論的研究をしてきた学者たちの研究業績は専門的なものであり，一般的には知られていない。国際経営論を学ぶときには，本章で紹介する学者の名前と理論内容の双方を理解する必要がある。そこには，社会現象に関する認識の発展がある。

　一国の国際的な経済取引を統計的にまとめた国際収支表には，証券投資（portfolio investment）と直接投資（direct investment）という2つの大きな分類がある。国際収支表においては，その双方が金融項目に分類される。そのために，対外直接投資も，統計分類上，国際金融の一分野として理解される場合があった。

　対外証券投資も，対外直接投資も，外国企業の株式を取得するという意味では共通している。対外証券投資は，主として，株価の値上がり益であるキャピタル・ゲインの獲得を目指すものである。対外直接投資では，株式の保有はするが，それは値上がり益を獲得して売却することを

目的としたものではなく，永続的な企業経営を行うことを目的としている。

　対外直接投資が永続的な外国企業の経営から得られる利益を目的として行われるとすれば，利潤率の低い国から高い国に投資が行われることが想定される。しかし，実際に対外直接投資の統計データを観察すると，アメリカからヨーロッパ諸国への投資と，ヨーロッパからアメリカへの投資が同時に存在している。こうした現象を直接投資の相互交流という。この点に着目したのがハイマー（1960）の研究であり，彼は，対外直接投資が生まれる理由として，国ごとの利潤率の格差や利子率の格差以外の理由を探求した。

　ハイマー（1960）の研究以前は，国際金融の一分野として海外への証券投資と直接投資とが未分化なまま研究されていた。海外における企業経営について，なぜその増減があるのか，どのような要因に基づいて企業が対外直接投資を行うのかについての研究は少なかった。ハイマー（1960）の研究を契機として，多国籍企業の経営を学問的に研究するという課題が，国際金融の研究から分離したと言うことができる。

　ハイマー（1960）は，対外直接投資の相互交流を説明するために，企業と産業の経済学である産業組織論と呼ばれる研究分野を応用した。産業組織論は，ミクロ経済学の一分野であり，ベイン（Bain）やケイブス（Caves）といった学者によって「構造・行動・成果」と呼ばれる三分法による分析視角が成立していた。産業組織論には，価格カルテルなど大企業の行動を独占禁止法で規制する論拠を明らかにする，という政策的意義もあった。つまり，市場に存在する企業数とその市場シェアを「構造」と呼び，その企業が採用する企業戦略を「行動」と呼ぶ。そうした「行動」には，寡占的大企業がカルテルを結ぶ，といった独占禁止政策の対象となる活動も含まれている。「構造・行動・成果」という三

分法は，さらに，企業の「行動」の結果として高い利益率を上げることを「成果」と位置づけている。

　こうした産業組織論の成果を応用することによって，対外直接投資の動向を分析したのがハイマー（1960）である。ハイマーは，アメリカの対外直接投資動向を産業別データから分析し，特定の産業において少数の大企業が活動していること，つまり，産業集中度が高い寡占産業において対外直接投資金額が大きいというデータを明らかにした。このように各国の産業ごとに分析すると，アメリカからヨーロッパ諸国への対外直接投資と，ヨーロッパ諸国からアメリカへの対外直接投資が共存し，対外直接投資の相互交流が生まれることを説明できる。アメリカとヨーロッパ諸国というそれぞれの地域で活動する寡占的な大企業が，相互に新たな市場を別の地域に求めるならば直接投資の相互交流が生まれる。国ごとの利潤率の高低に着目して直接投資を説明するのではなく，産業別にみた大企業の活動がもたらす利潤率に着目したのである。

　ハイマー（1960）は，直接投資の理由を「企業の優位性」に求めている。「企業の優位性というのは，企業が他の企業より低コストで生産要素を手に入れることができるか，または，より効率的な生産関数に関する知識ないし支配を保持しているか，あるいは，その企業が流通面の能力において優れているか，生産物差別を持っているかのいずれかのことである。」（ハイマー，1960，訳書，pp. 35-37）と述べている。

　ハイマー（1960）の研究は，彼がMIT（マサチューセッツ工科大学）に提出した博士論文である。ハイマーが1974年に交通事故で死亡したのち，1976年になってようやく公刊された。ハイマー（1960）の博士論文を公刊することに対して，MITの中で反対論があったことがその理由である，と言われている。ハイマー（1960）の分析視角は，MITにおいてハイマーを指導した経済史研究家キンドルバーガー（1969）に

よって認められ，その著作において紹介された。キンドルバーガー (1969) はハイマー (1960) の述べていた「企業の優位性」という説明にかえて，自ら「独占的優位性」(monopolistic advantages) という用語をつくり，それが示される場合として，次の4点を指摘している。

「1. 製品市場における完全競争からの乖離。これには製品差別化，特別のマーケティング技術，小売価格維持，管理価格などが含まれる。
2. 要素市場における完全競争からの乖離。これには特許技術または，非公開技術の存在，資本調達における差別化の存在，競争市場で採用されるのではなく，むしろ，企業の組織に組み込まれた経営者の能力に差異が見られることなどが含まれる。
3. 規模の内部経済と外部経済が存在し，垂直統合を通じて後者の役割を享受している場合。
4. 生産，あるいは参入に対する政府の規制。」(訳書，p.29)

こうした要因を備えた企業が存在し，海外に市場を求めるときに対外直接投資が起こる。これらの企業が，様々な国に存在していれば，直接投資の相互交流が説明できる。1960年代において，産業組織論が分析のツールとして持っていたのは，規模の経済性，最小最適規模，参入障壁といったミクロ経済学の概念であり，それらは大企業の活動から観察された事実をもとにしていた。規模の大きな企業は，対外直接投資の金額も巨額である。この規模の効果は，ハイマー以降の実証研究によっても繰り返し確認されてきた。

寡占的大企業の場合には，ライバル企業の行動を観察することが容易になる。競合他社の活動を模倣することによって，特定の市場を失うことを避ける行動が見られる。対外直接投資においても，ある企業がある国に参入すると，その競合他社が続けて参入する，といった現象が観察されてきた。こうした特定国への参入における時間的集中現象はバンド

ワゴン効果と呼ばれる。

2. 経営資源説

　ハイマーが主張した「企業の優位性」や，キンドルバーガーの造語としての「独占的優位性」は，企業が対外直接投資を行う理由を説明している。他の企業に対して優位な企業は対外直接投資を行うことができる，という極めて単純な命題である。命題とは，ある一定の事実判断を伴う言明のことであり，経済学的な命題とは，経済理論に基づいた考察の結果として導き出された言明のことである。後年，こうした「優位性」に着目した対外直接投資の説明は「ハイマー＝キンドルバーガーの命題」と呼ばれるようになった。

　ところで，ある企業は，「企業の優位性」や「独占的優位性」を，どのようにして獲得することができるのだろうか。この答えを得るには，産業組織論アプローチよりも，さらにミクロな対象に焦点を当てて企業の内側を考察する必要がある。企業の持つ優位性の源泉を説明するには，企業の内部においてどのような活動が行われているのかを考察する必要がある。

　企業の成長と対外直接投資とを結びつけて理論を構築していたのは，ペンローズ（1956）である（〔表3-1〕参照）。ペンローズ（1956）は学術雑誌 *Economic Journal* 誌に論文「対外投資と企業の成長」を発表し，アメリカの自動車メーカー GM がオーストラリアのホールデン社と合弁事業を行うために対外直接投資をした事例を研究している。彼女は，同論文において経営資源（managerial resources）という概念を定義する。すなわち，「企業がうまく生産することのできる生産物，首尾よく工場を設立した新規事業分野，商品化に成功したイノベーション，経営者の理念，および，企業内に存在している経験，経営能力，技術的

表 3-1　競争優位アプローチの発展

1956	ペンローズ「対外投資と企業の成長」	
	（アメリカ自動車メーカーのオーストラリア投資）	
1959	ペンローズ『企業成長の理論』（資源としての企業）	
1960	ハイマー『多国籍企業論』	
	（企業の優位性，産業組織論アプローチの登場）	
1962	チャンドラー『経営戦略と組織』（組織は戦略に従う）	
1966	バーノン「プロダクトサイクルのもとでの国際投資と国際貿易」	
	（プロダクトサイクル理論の登場）	
1967	小宮「資本自由化の経済学―官民の迷信と誤謬を衝く―」	
	（ペンローズによる「経営資源」の再定義）	
1969	キンドルバーガー『国際化経済の論理』（独占的優位性）	
1971	ケイブス「国際企業―対外投資の産業経済学―」	
	（無形資産の統計的検定）	
1973	ニッカーボッカー『多国籍企業の経済理論』	
	（バンドワゴン効果，寡占反応理論）	
1980	ポーター『競争の戦略』（競争優位による戦略策定）	
1985	ポーター『競争優位の戦略』（価値連鎖による競争優位の構築）	
1986	ポーター「グローバル産業の競争―概念的枠組み―」	
1990	ポーター『国の競争優位』（クラスターによる産業集積の説明）	

（注）「　」内は論文名を指し，『　』内は著作のタイトルを示す。
（出所）洞口（1992）をもとに作成。文献リストは同書参照。

ノウハウにすべてを依存し，すべてのものに開かれている外的な機会に対応して経営者の直感する事業機会」（p.225）を経営資源として説明している。

その後，ペンローズは主著『企業成長の理論』（1959）を著して，企業を成立させている資源と，その資源から生まれるサービスについて詳細に議論した。ペンローズ（1959）は，「経営者の直感する事業機会」を経営資源として指摘している。彼女の定義する経営資源（managerial resources）とは，経営者の活動の結果として企業にもたらされた収益

源を示している。それは，工場や土地・建物のような物的な資源や労働力の源となる人的な資源とは一線を画したものである。ペンローズ(1959) の日本語訳には，二冊の異なる訳本があるが，日高による邦訳(ペンローズ，1959) では，managerial resources を「経営者資源」として訳出している。これは，日本の経営学者が「経営資源とはヒト，モノ，カネ，情報である」と定義して議論する場合があり，そうした俗化した経営資源の理解を避けるためには重要な試みである。ペンローズ(1956, 1959) は「ヒト，モノ，カネ，情報」を「経営資源」と呼んではいないのである。

　ペンローズ(1959) の経営資源概念を用いて，それを再定義し，直接投資の理論として応用したのは小宮(1967) である。小宮(1967) は，以下のように経営資源を定義する。「外面的には経営者を中核とし，より実質的には経営管理上の知識と経験，パテントやノウハウをはじめマーケティングの方法などを含めて広く技術的・専門的知識，販売・原料購入・資金調達などの市場における地位（ある場合には独占的支配力)，トレード・マーク（ブランド）あるいは信用，情報収集，研究開発のための組織など」(p.24) を指している。

　ハイマー＝キンドルバーガーの命題は，寡占的な大企業による対外直接投資が多いという量的な側面を重視したものであった。ペンローズ＝小宮は経営資源を有した企業が海外に新たな成長拠点を求めるという説明を行っており，市場シェアが小さくとも独自の技術基盤を持った企業が対外直接投資を開始できることを説明した理論として重要な意義を有している。

　国際収支表では国レベルでの対外直接投資が記録される。ハイマー＝キンドルバーガーの命題では産業レベルで対外直接投資が分析されてきた。ペンローズは企業レベルで対外直接投資を分析した。マクロ経済か

ら産業というミクロ経済へと視点が移り、その後、しだいにミクロ経済から企業経営の内側へと理論研究の焦点が絞られてきたことになる。経営の実態に即した分析として国際経営論が成立したのである。

3. 取引費用の経済学

(1) 取引費用とは何か

　産業組織論に新しい思考方法が導入されて企業内部の組織に注目が集まったのは、ウィリアムソン（1975）の研究をきっかけとしている。ウィリアムソン（1975）は、コース（1937）による取引費用の理論、バーナード（Barnard, 1938）による機会主義の説明、サイモン（Simon, 1945）による「限定された合理性」の概念を総合して、企業間分業と垂直統合とを説明した。

　コース（1937）の定義する取引費用（transaction cost）とは、企業や個人が市場を利用するときに必要となるコストのことである。市場（market）は、市場（market place）とは異なり、物理的な場を持たない。たとえば、我々が仕事を探すとき、経済学的には、我々は労働市場で労働力を売ろうとしている、と解釈される。市場を利用するときにコストがかかり、そのコストのことをコース（1937）は取引費用と呼んだ。

　コース（1937）の定義する取引費用とは、具体的には、①価格探索の費用、②交渉費用、③契約の履行を確実にするためのコスト、すなわち、長期の取引主体を見つけるコストや、契約が裏切られた場合の対処に必要となる法的なコスト、そして、④市場取引にかかわる税を意味している。

　取引費用の存在を認識すると、企業組織が市場での取引を代替することを説明できる。ここで、やや極端な例を考えることによって思考実験

をしてみよう。たとえば，銀行という企業組織を考えよう。銀行は，毎日，銀行員として異なった人を日雇いで雇ってもよいかもしれない。つまり，毎日，必要な人員の分だけの求人募集を出し，作業の開始と終了時間を定め，作業終了後に日給を支払ってもよいはずである。しかし，実際の銀行では日雇いで銀行員を雇用している会社はない。なぜだろうか。取引費用によって，それを説明できる。

　①**価格探索の費用**とは，この例では，銀行員を募集し，その募集に応じた人が銀行業務を行うことが可能か否かを採用面接などで査定し，賃金を支払って雇用するかどうかを決定するコストということである。インターネットの発達は求人広告のコストを下げてきたが，銀行で働きたい人は多数いる。仮に，日雇い銀行員の求人募集を出して数千から数万の応募があったとすると，その数千，数万の応募から適切な求職者を毎日選別する時間と労力がかかる。この時間と労力はコストであり，これが従業員の探索費用である。一定の給与を支払って働いてもらうに足る人材かどうかを見極めるという意味で，従業員の価格探索費用がかかる。

　②**交渉費用**とは，この例では，銀行員の行うべき作業の内容を，仕事を開始する前に定めておかなければならない，ということである。預金の獲得のために商店街を回るのか，資金の貸付のために与信の調査をするのか，窓口で顧客に対応するのか，など，異なる作業に応じて異なる賃金が対応する。そうした業務の詳細を，毎日，異なる人に対して交渉することは，極端に大きなコストがかかる。

　③**契約の履行を確実にするためのコスト**，すなわち，長期の取引主体を見つけるコストとは，長期に勤務することを前提とした求職者が職務に従事したときに，その業務を適切に果たさないことのないように監査し，指導するコストである。たとえば，銀行としては，回収の不可能な

相手先に融資を行うことは避けなければならない。しかし，もしも，日雇いの銀行員を雇用し，その銀行員が融資担当となった場合には，回収の可能性を軽視して返済能力の低い借り手に融資を実行してしまうかもしれない。そうした事態を避けるには，銀行員を長期にわたって雇用し，融資契約が確実に履行されて，ローン残高が完済されるまでの責任を負わせたほうが良いことになる。

④**市場取引にかかわる税**とは，日本での賃金支払いの場合であれば，所得税と住民税である。税の部分は，短期に雇用されても，長期に雇用されても応分の負担が必要であり，労働の対価(たいか)としての賃金支払いという市場での取引に対して課税される。なお，一般に，商品が市場で取引されれば消費税がかかる。

長期雇用をすることで，必要な職務に適格な人材を見つける価格探索のコストや労働条件に関する交渉コスト，契約条件の履行を確実にするコストなどを削減することができる。すなわち，長期雇用を行う組織を構築することで，市場取引に伴うコストを代替できるのである。銀行は，従業員との長期的な契約を結ぶことによって，取引費用を下げることができる。長期の雇用を保証し，採用にあたって勤務期間を定めないことで，行うべき仕事の範囲を広げ，業務を適切に履行せしめ，支払うべき賃金水準を長期にわたって調整していくことができる。

（2）　**機会主義**

契約は，経済的な取引の様々な場面で現れる。土地，家屋などの高額な物件を購入するときには，契約が交わされる。契約が必要になるのは，売買される商品が複雑であり，その支払いが長期にわたる場合であるときが多い。たとえば，損害保険や生命保険などでも保険契約が交わされる。海外旅行保険もそうした例の一つであるが，約款(やっかん)と呼ばれる定型的な契約書の文面は小さな文字で，びっしりと記載されている。詳細

な契約条項を書面に残す必要があるのは，機会主義を排除するためである。

　機会主義とは，ある事象(じしょう)（あるコト）の起こる前と，起こった後とで，約束した内容を変更してしまう行動のことである。

　たとえば，あるコンピューターのソフトウェア企業が，1日あたりの作業者の日給は1万円である，という契約を交わして，注文主(ちゅうもんぬし)である企業から仕事を得たとしよう。1か月の仕事が終わって，注文主から，「1日あたり7千円しか支払わない」と言い渡された場合には，注文主が機会主義的な行動をしていることになる。契約の書面があれば，そのソフトウェア企業は，契約書面と実際の支払い金額が異なることを第三者に主張することができる。市場取引においては，契約を作成するという取引費用が必要となる。取引費用が必要となるのは，その背後に機会主義的な行動がとられる可能性が存在しているからである。

(3)　限定された合理性

　限定された合理性とは，人間の行動が合理性を目指したものでありながら，完全に合理的な活動をすることができない，ということを意味している。「限定された合理性」のもとでは，最大の満足水準を追求するのではなく，一定水準以上の満足水準を得ることを重視する。それは，複雑な作業内容のすべてを列挙し，その中から最高の成果を得るように対処することが困難だからである。

　たとえば，ある企業が，水を汲み上げるポンプを製造しており，この企業がポンプの営業を担当する営業担当者を募集したとしよう。すると営業の成果を出すためには，広告代理店を利用した広告宣伝，ポンプを必要とする顧客ニーズの理解，日本国内の営業拠点での販売活動，顧客の必要とする商品の価格見積りと在庫管理，といった一連の作業が必要になる。いわば，ポンプの販売成績を上げるための活動であれば，どの

ような活動でも必要になる，という状態が想定できる。しかし，営業担当者を雇用するときに「考えられうる活動のすべて」を契約書に記載することはできない。想定される状況が複雑であれば，契約の書面で作業内容を事前にすべて特定することはできない。営業担当者には一定の指針としての業務を委託し，雇用した側が一定の満足水準に達しているとみなす水準での業務遂行を期待することになる。

　長期雇用の場合，つまり，何年間働くといった期間の定めのない雇用のことを日本では正規雇用と呼ぶが，このいわゆる正社員の場合には，契約で仕事内容を特定化するのではなく，長期雇用によって会社内の仕事全般について責任を負うことが暗黙のうちに前提とされている。会社という組織が拡大するのは，こうした長期雇用による従業員が増えることを前提にしていると考えることができる。

　長期に雇用されることが前提となっていれば，機会主義と限定された合理性を少なくとも一部分克服することができる。たとえば，従業員は，自らの地位を保全したまま，賃金の過少支払いを訴えることができる。限定された合理性によって事前に想定できなかった仕事についても，長期に雇用される正社員が対応していくことになる。長期雇用をすることによって，会社は，従業員との関係における機会主義を減らすことができる，というのがウィリアムソン（1975）の主張である。

4. 内部化理論

　コース，ウィリアムソンによる取引費用説を応用して多国籍企業の理論を構築したのは，バックリー＝カッソン（1976）であった。彼らは，前述した取引費用の経済学を応用して多国籍企業の存立要因を説明した。

　取引費用の経済学によれば，会社は，組織を構築して取引費用を下げ，

機会主義を減らし，限定された合理性に対応する。そうであるとすれば，その状況を国内と海外に広げたときには，本国と外国に存在する2つの異なる会社による取引には機会主義が生まれる可能性があることになる。取引相手先の機会主義的な行動を避けるには，2つの会社を1つにしてしまえばよい。つまり，本国の企業が外国の企業を買収してしまえば，市場取引による機会主義を避けることができる。できあがった1つの企業は，多国籍企業である。このように，組織の構築に際して国境が横たわっていると考えると，多国籍企業の存在が説明できる。

ここで企業間の部品取引を事例に説明しておこう。

いま，自転車を製造して販売するメーカーA社があるとしよう。このメーカーA社は，①自転車のギヤを自社で生産せずに，ギヤを製造している会社B社から購入して自転車を製造するか，あるいは，②自転車のギヤ製造を自社内で行って自転車製造をすることもできる。

自転車製造メーカーA社がX国に立地しており，自転車のギヤを製造している会社B社がY国に立地しているとき，①のようにA社がB社からギヤを購入すれば，Y国からX国への輸入が起こっていることになる。輸入に際しての機会主義とは，たとえば，A社が発注した数量の全量がB社から納入されない，B社からの納入期日が遅れる，納入された部品が故障していてもB社が交換しない，といったB社側の要因と，納入代金の支払いが遅れる，不払いになる，といったA社側の要因で発生しうる。

②のように自転車のギヤ製造をA社が自ら行う場合，その方法には，少なくとも二つの方法がある。一つは，A社が自社で独自にギヤ製造の技術を開発する方法であり，もう一つはA社がB社を買収ないし合併（M&A）して自社にしてしまう，という方法である。A社がB社の株式を買収すればB社は法人登記上消滅するが，合併すればA社とB

社とで新たな会社を設立することになる。いずれの方法でもA社が自社内でギヤを製造することによって，機会主義的要因の一部をなくすことができる。たとえば，A社からB社への支払い遅れといった問題は，市場取引の問題としては発生しなくなる。

　A社にとって，自社の部品となるギヤは，製造工程としては川上に位置している。こうした企業活動を統合することを後方統合と呼ぶ。後方統合を行うA社が，Y国という外国に立地するB社を買収したとすれば，X国からY国への対外直接投資が行われたことになる。自転車販売を行う小売店は，自転車製造業者からみて川下に位置しており，そうした企業を統合した場合には，前方統合という。

　なお，注意すべき点としては，後方統合によってもすべての機会主義がなくなるわけではない，という点がある。この事例で機会主義をなくすことができるのは，納入代金の支払い遅れや不払いといった製造過程の事後に発生する機会主義である。発注数量の全量が納入されない，納入期日が遅れる，納入された部品の故障に対処しない，といった自転車製造の能力やプロセスにかかわる要因は，後方統合によっても排除することはできない。

　ラグマン（1980）によって主張された内部化理論（internalization theory）では，市場取引を組織の内部に取り込むことを強調している。企業組織が拡張して市場取引を代替することを内部化と呼んでいる。取引費用，機会主義，限定された合理性などを強調した内部化理論の貢献は，ライセンシング契約と直接投資との違いを明確にしたことにある。すでに第2章で述べたように，企業の永続的な経営を前提とした国際経営戦略には，対外直接投資だけではなく，ライセンシング契約やOEM，フランチャイズ，多数企業のアライアンスなど，様々な形態がある。

　ハイマー＝キンドルバーガーの命題による「企業の優位性」と「独占

表 3-2　取引費用アプローチの発展

1937	コース「企業の本質」（取引費用の定義）
1938	バーナード『経営者の役割』（機会主義の説明）
1945	サイモン『経営行動』（限定された合理性）
1960	ハイマー『多国籍企業論』（企業の優位性と取引費用）
1968	ハイマー「巨大多国籍企業―国際事業統合の要因分析―」（コース「企業の本質」の応用としての垂直統合の説明）
1972	マクメナス「国際企業の理論」（コース「企業の本質」の応用）
1975	ウィリアムソン『市場と企業組織』（取引費用，機会主義，限定された合理性による垂直統合の合理性の説明）
1976	バックリー＝カッソン『多国籍企業の未来』（コース，ウィリアムソンによる取引費用説の応用）
1977	ダニング「貿易，経済活動の立地と多国籍企業―折衷アプローチの探求―」（取引費用，競争優位，立地の三条件の折衷）
1980	ラグマン「対外直接投資の一般理論としての内部化」
1981	ラグマン『多国籍企業と内部化理論』（取引費用削減のための国際化を内部化として説明）

（注）「　」内は論文名を指し，『　』内は著作のタイトルを示す。
（出所）洞口（1992）をもとに作成。文献リストは同書参照。

的優位性」，ペンローズ＝小宮による「経営資源」の移動としての直接投資理論には，ライセンシング契約を説明する論理は含まれていない。「企業の優位性」や優れた経営資源があれば，輸出，直接投資，ライセンシングのいずれも可能であることになり，なぜ，ある場合にはライセンシング契約が選択され，別の場合には直接投資が選択されるのかを説明することはできない。ダニング（1977）による折衷理論（eclectic theory）は，この点に焦点を合わせて内部化理論に加えて立地要因を含めた説明をする包括的なものであり，折衷理論とはダニング自身がつけた名称である（〔表3-2〕参照）。

　以下では，本節の取引費用の経済学に関する議論をもとに，直接投資

に比較して，ライセンシング契約を結ぶことが有利になる理由をまとめておこう。

　市場を利用するときにかかるコストを取引費用と呼ぶ。価格探索，交渉，契約にはコストが必要であった。さらに，意思決定のための十分な情報がないために限定された合理性によって活動せざるを得ない場合，あるいは，機会主義によって取引先から裏切られる可能性があるときに，市場取引を組織内部の取引に代替することによって，企業はより効率的な運営をすることができる。

　いま，企業がある優れた技術を保有しているとしよう。企業の優位性を保持しているこの企業は，その技術を外国の別の会社に供与してライセンシング料を手に入れることができる。ライセンシング料を手に入れるためには，取引費用をかけた探索が必要になる。つまり，この企業の技術は，いくらで取引されるのが適切なのか（価格探索），そのための交渉をどこで，相手企業の誰を相手として行うのか（交渉費用），何年の契約を結ぶのか（契約のコスト），相手企業にこの技術がうまく移転できなかった場合には，どのような技術指導をするのか（限定された合理性），自社の技術が第三者に漏れたときの罰則規定はどうするのか（機会主義），といった様々な問題がある。この企業が技術をライセンシングするのは，ライセンシーである相手企業がこうした不確実な問題の一部を回避しつつ，収益をあげて，その一部をロイヤリティ・フィーとしてライセンサーに支払う見通しがあり，そのための契約が成立するからである。ライセンサーの立場から見れば，対外直接投資に必要となる工場や設備の投資金額や企業買収の費用は，ライセンシング契約においては不要である。ライセンシーが，それらの費用を負担することがライセンシング契約の前提となっている。

　この企業は，ライセンシングではなく，対外直接投資を選択すること

もできる。直接投資を行って自社の 100 パーセント子会社を海外に設立すれば、この企業の保有する技術の価格を決める必要はない。技術の価値は、その技術を利用して販売される製品の売上高と利益で評価される。このとき、ライセンシーとの交渉費用は不要になり、契約のコストもかからない。ライセンシング契約の場合には、ライセンサーがライセンシーに有償で技術やノウハウを供与するので追加的な投資は不要であるが、対外直接投資の場合には、多国籍企業が新たに外国に投資をして単独で収益をあげるよう努力することになる。つまり、対外直接投資によって取引費用を削減することができるが、対外直接投資の場合には、新工場への投資資金や企業買収の費用がかかる。

対外直接投資によっても、限定された合理性や機会主義の問題が全くなくなるということではない。直接投資によって立ち上げた海外子会社においても、従業員に新規技術を理解させるためのコストはかかり、その社員が転職することによって技術が漏洩するという可能性も排除できない。

ライセンシング契約によっても技術の漏洩が起こる可能性はあり、それがなくなるわけではない。したがって、取引費用、限定された合理性、機会主義という概念は、対外直接投資とライセンシング契約が抱える課題を完全に説明するものとは言えない。しかし、ライセンシング契約と直接投資という戦略選択の理由をそれぞれのケースで説明することができる。

ライセンシングと直接投資という戦略選択の理由については、取引費用の経済学による説明のほかに、ゲーム理論やオプション理論など、新たな理論的アプローチを応用した説明も試みられている。

《学習課題》
1．自動車メーカーが海外に製造拠点としての工場を立地することと，販売拠点としての販売子会社を立地することの意味を，本章で学んだ概念を用いて説明してみましょう。
2．海外旅行をするときに，外国で宿泊するホテルや航空券の購入に関するキャンセルの条件について，どのような契約条件が定められているか，チェックしてみましょう。販売を仲介したインターネット・サイトが機会主義的な行動をとると，どのような事態が想定できるか，考えてみましょう。また，購入予約をした客が取りうる機会主義的な行動にどのようなものがあるか，考えてみましょう。

参考文献

本章は原田順子・洞口治夫『新訂　国際経営』（2013年，放送大学教育振興会）の第3章「多国籍企業の経営学説」（洞口治夫）を基に，加筆修正したものである。

・Penrose, Edith (1959) *The Theory of the Growth of the Firm*, New York：Oxford University Press.（初版邦訳は末松玄六訳『会社成長の理論』ダイヤモンド社，1962年．1995年にペンローズの序文が加えられた第3版の邦訳は日高千景訳『企業成長の理論』ダイヤモンド社，2010年．）
・大貫雅晴（2001）『国際ライセンスビジネスの実務―契約書（和文対訳）雛形付き―』同文舘.
・洞口治夫（1992）『日本企業の海外直接投資―アジアへの進出と撤退―』東京大学出版会.
・洞口治夫（2002）『グローバリズムと日本企業―組織としての多国籍企業―』東京大学出版会.
・Rugman, A. M. and T. L. Brewer, (2001) *The Oxford Handbook of International Business*, Oxford University Press.

4 | 国際経営とリスク

洞口治夫

《目標&ポイント》 多国籍企業はどのようなリスクを認知して活動しているのだろうか。日本企業は，信用リスクやテロリズムのリスクに関して，どのような経験をしてきたのだろうか。テロリズムは，どのような組織原理によって引き起こされるのだろうか。様々なリスクに対して，多国籍企業は，どのような対処方法を採用することができるのだろうか。本章では，こうした諸点について解説する。

《キーワード》 リスク・タイプ，信用，金利，為替レート，受取手形および売掛金，売掛金回収，フィージビリティ・スタディ，テロリズム，利他的懲罰，自殺攻撃，フォーカル・ポイント

1. 多国籍企業のリスク認知

　国際経営には様々なリスクがある。国際経営の活動を行う国における政治リスクや経済情勢からもたらされるリスク，自然災害のリスク，多国籍企業の内部における経営リスクや組織の抱えるリスクがある。こうしたリスクは，国際経営のみならず国内の経営においても重視すべきリスクであるが，国際経営のリスクでは，多国籍企業の在外子会社に影響を与えて，国際的な連鎖反応をもたらすことに特徴がある。

　ジャンボナ他（Giambona, Graham, and Harvey, 2017）は，世界の多国籍企業に勤務する財務担当役員（financial executives）に対してアンケート調査を行い，多国籍企業が認知するリスク・タイプに関する1,161件の回答を得た。〔図4-1〕は，その結果である。多くの財務担当

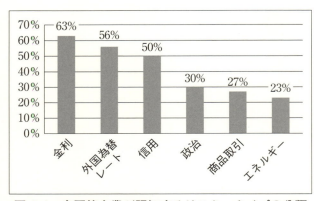

図4-1 多国籍企業が認知するリスク・タイプの分類
(出所) Giambona, et. al., (2017), Figure 2, Panel A, p.527 より引用。

役員が認知する多国籍企業のリスク・タイプとして上位にくるのは,「金利」,「外国為替レート」,「信用」であり,「政治」は第4位であった。

　この調査結果では,経済・経営にかかわるリスクが政治リスクよりも重視されている。回答者が財務担当役員であったための偏りを含む結果となっているのかもしれないが,実際に,企業経営の責任を負う者からすれば,政治リスクよりも「金利」,「為替レート」,「信用」といった経済・経営にかかわる要因を明確に意識しているという調査結果として読み取ることができる。日本貿易振興機構(2006)が中国を対象として調査した結果でも,企業財務に関するリスクが重視されている。本書第3章で説明した取引費用の経済理論は,実務家にとっては体験的な肌感覚として理解されていることになる。

(1) 信用リスクの事例

　〔図4-1〕におけるリスク・タイプとしての「金利」,「為替レート」,「信用」は,企業の資金繰りに関するキーワードであり,同一の課題を別々に表現したものと言うこともできる。以下に日本企業の例を挙げて

説明しよう。中国ビジネスのリスクのために破綻した中堅商社の事例である。

① 江守商事株式会社を傘下に持つ東京証券取引所一部上場企業・江守グループホールディングスは2015年4月に民事再生法の適用を申請した。同社は，日本から中国への電子部品や化学品を販売する商社として業績を伸ばしたが，中国向けに販売した製品の代金回収に問題を抱えていた[1]。つまり，売掛金の回収に失敗したために，売上高が伸びたにもかかわらず，仕入れをした取引先に支払うべき代金を回収できずに自己破産に追い込まれたのである。現金販売をせずに，代金回収を後に回す売掛金での販売は，買い手に対して売り手が「信用」を与えて取引することに他ならない。代金の支払いを遅らせるときには「金利」をいくらにするかという問題も発生する。国際的な販売において代金回収をしようとすれば「為替レート」の影響は避けられない。代金回収を1か月遅らせた間に，人民元が日本円に対して安くなれば，日本本社が日本国内の仕入れ先に支払うべき日本円を目減りさせてしまうことになる。「金利」，「為替レート」，「信用」という3つのキーワードが密接につながっていることが理解できる。

江守グループホールディングスが，2015年4月に民事再生法の適用を申請する前，つまり，2014年の四半期ごとの貸借対照表を見ると「受取手形および売掛金」の項目に示される金額が肥大化していたことがわかる[2]。2014年9月末の第2四半期の時点で，同社の総資産は約1,164億円であったが，そのうち「受取手形および売掛金」は約824億円であり，総資産の70パーセントを超えていた。同年10月20日には，「業績予想の修正，貸倒引当金繰入額の計上及び配当予想の修正に関するお知らせ」

---

1) 本稿は産経新聞のウェブサイト「産経West」に掲載された2015年6月3日付記事「中国に入れ込んだ代償－現地子会社の不正見抜けず，名門商社が100年の歴史に幕」に依拠している。以下のサイトを2018年1月31日に確認した。
http://www.sankei.com/west/news/150603/wst1506030001-n1.html
2) 金融庁のデータベースEDINETに掲載されていた四半期データに基づく。2018年1月現在，財務データベースeolで確認可能であった。

を告知し，中国向け輸出の「売上債権の回収に疑義が生じた」ことを記している[3]。中国向けビジネスを拡大させるなかで販売代金回収がおろそかとなったのは，中国の顧客を「信用」していたことが裏目に出たと言える。つまり，同社は信用リスクの罠にはまったと言うことができる。

② 洞口（1992）では，インドネシアで活動していた日系メーカーの事例を取り上げている。この日系メーカーは，設備投資のために金利の低いスイス・フランによる外貨借り入れを行い，インドネシア国内向けの製品販売を行って資金を返済していく予定を立てていた。しかし，返済が開始されて後，インドネシア・ルピアの為替レートが暴落したために，インドネシア国内で稼いだルピアによって，スイス・フラン建てでの借入金を返済することが容易ではなくなり，長期にわたり赤字に苦しんだ。

外貨建ての借り入れを行うためには，資金の貸し手から「信用」されている必要があるが，同時に支払いの「金利」が必要となり，返済にあたっては「為替レート」が重要な役割を果たす。これらは国際経営の経済的リスクに該当する。為替レートについては本書第13章で説明する。

2. 政治リスクへの対応策

（1） 投資前の調査

国際経営における政治リスクとは，国際経営の現場となる国における政治的な要因によって，多国籍企業の経営が脅かされることを言う。政権への不満や批判を示すための民衆によるデモ[4]，軍部による政治体制転覆を試みるクーデター[5]，外国との戦争[6]，国内で対立する民族によ

---

[3] 金融庁のデータベース EDINET に掲載されていた告知による。2018年2月6日現在，以下のサイトで閲覧可能となっていた。
http://ke.kabupro.jp/tsp/20141020/140120141003053407.pdf
[4] たとえば，2018年2月6日，「モルディブ非常事態宣言，野党幹部釈放巡りデモ激化」読売新聞・東京夕刊，3頁を参照。
[5] たとえば，2014年5月24日，「タイクーデター，トヨタ夜間の操業再開，日系店舗，営業短縮」読売新聞・中部朝刊，8頁を参照。

る内戦[7]など，様々なケースにおいて企業経営の正常な運営が妨げられる場合がある。

　ジャンボナ他（2017）は，前述のアンケート調査において政治リスクへの対処方法について尋ねている。上位の回答としては「危険国への投資を避ける」と「投資前の調査を充実させる」がある。これらの回答は，あたりまえのようでもあり，対処方法と呼べるのかどうか，という疑念すら生まれるかもしれない。しかし，こうした回答は重要な経営課題を示唆している。

　対外直接投資を開始するときに，グリーン・フィールド・インベストメントを行って工場を設立するか，M&A を行って既存企業を買収するか，という2つの方法があることを第8章で説明するが，それぞれの方法によって外国市場に参入する前には，市場環境の調査が行われる。その作業には，専門用語としての名称がついている。グリーン・フィールド・インベストメントを行う前に投資の収益性を事前評価する活動をフィージビリティ・スタディ（feasibility study, F/S エフエス）と呼ぶ[8]。M&A を行う前に買収案件の収益性を評価する活動のことをデュー・ディリジェンス（due diligence）と呼ぶ。

　フィージビリティ・スタディやデュー・ディリジェンスでは，投資受入国における政治的な安定性や経済状況を，事前調査の重要な調査項目としている。海外での操業経験が少ない企業にとって，新たな市場の動向を見極めることは，常に重要な課題である。他方で，新たな市場の場合には，受入国の言語を習得するにも何年かの時間がかかる。〔表4－1〕にあるように，現地の投資パートナーや，コンソーシアムと呼ばれる複数の企業による共同作業が必要なのは，そうした現地情報を獲得するためである。海外現地の政治情勢，経済状況を調査し，日本企業の

---

6)　たとえば，1991年1月17日，「湾岸戦争開戦『社員たちは無事か』確認に追われる日本企業の各社」読売新聞・東京夕刊，19頁を参照。
7)　たとえば，2017年8月4日，「イエメン，コレラ猛威，感染疑い40万人超，内戦激化，薬届かず」読売新聞・東京朝刊，9頁を参照。
8)　中小機構国際化支援センター海外展開支援課（2013）を参照。

表 4-1　リスクへの対処方法

（単位：%）

・危険国への投資を避ける	48.6
・投資前の調査を充実させる	43.5
・複数の国々に投資先を分散する	39.3
・危険国への投資金額を少なくする	35.1
・投資パートナー，コンソーシアムの利用を増やす	34.6
・危険国では目立たぬように会社運営をする	25.7
・危険国でのプロジェクト収益率の基準を高く設定する	25.2
・通貨・商品取引のヘッジ取引を増加させる	18.2
・政治リスク分析を頻繁に利用する	17.3
・警備保障要員を増加させる	15.4
・サプライチェーン・マネジメントを変更する	15.4
・様々な産業分野で投資を分散する	15.4
・政治リスク対応の保険を使う	15.0
・危険国での広報活動を拡大する	14.5

（出所）Giambona, et.al.（2017），Table 3, p. 528 より引用。

　国際的な展開をサポートする団体としては，独立行政法人日本貿易振興機構（Japan External Trade Organization：JETRO，略称・ジェトロ）がある。ジェトロは，世界各国に駐在員事務所を持ち，政治情勢や経済状況についての専門家を配置し，日系企業への情報提供を行っている。

　「危険国への投資を避ける」，あるいは「投資前の調査を充実させる」ためには，F／Sやデュー・ディリジェンスを充実させる必要がある。もちろん，こうした作業を充実させても，リスクがゼロになることはない。とりわけ予測しにくいリスクはテロリズムによる襲撃や爆破事件などである。以下では，その点について考察する。

3. テロリズムの組織原理

(1) 利他的懲罰の理論

　テロリズム（terrorism）とは暴力を伴う恐怖政治を意味する英語であり，フランスの政治史に起源を有している。現代におけるテロリズムとは，民間の人々を犠牲にする死傷事件を惹き起こすことによって自らの政治的な主張をしようとする犯罪行為を意味する。日本語でテロと言う場合には，その具体的な犯罪行為を指し，テロリストとはテロの実行犯を指す。〔表 4 - 2〕には，ツィンコタ他（Czinkota et. al., 2010）の研究でまとめられた事件に加えて，それ以降の世界における著名なテロ事件を掲げた。

　テロリズムの政治的な背景についての分析は，政治学による研究対象である。本章では，組織に関する理論を応用することによってテロリズムが正当化される論理を説明する。経営学の主要分野としての組織論は，組織を形成する人々の行動原理を研究する学問分野である。テロリストが組織に属しているのならば，経営学の研究対象である企業組織や非営利法人組織を対象とした組織論を応用することができる。

　なぜテロリストたちは，罪もない人々を殺すのだろうか。この問題に対する一つの答えを，利他的懲罰（altruistic punishment）という理論に求めることができる。利他的懲罰とは，フェー＝ゲヒター（Fehr and Gächter, 2002）の実験研究において報告されている人間行動の特徴である。利己的（egoistic）とは自分自身の利益を考えて行動する心的性向のことを意味する形容詞であり，利己主義（egoism）とはそうした考え方を意味する。利他的（altruistic）とは，自分以外の他者の利益を考えて行動することを意味しており，利他主義（altruism）とは利他の心を持った行動を支える考え方を意味している。

表 4-2　主要テロ事件，1972-2016 年

事　件	日　付	被　害　者
西ドイツ・ミュンヘンオリンピック大会でのイスラエル選手に対する襲撃	1972. 9. 5	11 人死亡
レバノンで米国とフランス軍人への襲撃	1983. 10. 23	305 人死亡，75 人負傷
イギリス・スコットランドのロッカビーを飛行中の航空機爆破	1988. 12. 21	270 人死亡
米・ニューヨークの世界貿易センター爆破	1993. 2. 26	6 名死亡，1,042 名負傷
日本・東京の地下鉄でのサリンガス襲撃	1995. 3. 20	12 人死亡，1,034 人負傷
フランス・パリの地下鉄爆破	1995. 7. 25	8 人死亡，80 人負傷
スリランカ・コロンボの中央銀行爆破	1996. 1. 31	91 人死亡，1,400 人負傷
ケニア・ナイロビでの米国大使館爆破	1998. 8. 7	213 人死亡，約 4 千人負傷
米・ニューヨークの世界貿易センター航空機自爆テロ	2001. 9. 11	2,992 人死亡，負傷者多数
インドネシア，バリのナイトクラブ爆弾テロ	2002. 10. 12	202 人死亡 209 人が負傷
フィリピンのフェリー爆破	2004. 2. 27	116 人死亡，負傷者多数
スペイン・マドリッドの列車爆破テロ	2004. 3. 11	191 人死亡，2,050 人負傷
イギリス・ロンドンの地下鉄同時爆破	2005. 7. 7	56 人死亡，約 700 人負傷
パキスタン・イスラマバードにおけるマリオットホテル爆破	2008. 9. 20	53 人死亡，約 250 人負傷
インド・ムンバイにおける複数のホテルや施設での同時多発爆破	2008. 11. 26 -29	173 人死亡，約 308 人負傷
アルジェリアの天然ガスプラント襲撃	2013. 1. 16	40 人死亡
バングラデシュ・ダッカのレストラン襲撃	2016. 7. 1	20 人死亡

（出所）1972 年から 2008 年までの事項は Czinkota, et. al., 2010, p. 829, Table 1 より引用。2013 年以降のテロ事件については，筆者作成。

利他的懲罰とは，ある集団の中で利他的に行動しないメンバーがいるとき，そのメンバーを罰したいと考える傾向が他の多くの集団メンバーに認められることを意味している。フェー＝ゲヒター（2002）は，そのような傾向をグループ構成員による公共財への支出をめぐるゲーム的な実験を通じて明らかにした。被験者の行動パターンには，公共の利益に貢献しようとしない個人メンバーを罰する行動が多く見られたことを報告している。フェー＝ゲヒター（2002）の研究は集団心理学に属する実験研究であり，実験の手続きを説明することは本章の論点から逸れる。したがって，以下では，利他的懲罰の例を挙げて説明したい。

次のような光景を思い浮かべてみよう。ある小学校の教室で，放課後にクラスのメンバーが掃除をしている。その中の2～3人のグループが掃除をさぼって遊んでいる。それを見つけたクラス担任の先生は，「だめじゃないか」と遊んでいたグループを叱ったとしよう。遊んでいた子供たちは，しぶしぶ掃除を始める。

小学校の先生は，なぜ，遊んでいたグループを叱ったのだろうか。それは，「みんなが使う教室」の掃除であるから，その教室を使うメンバー全員で教室をきれいにして使わねばならない，という考え方を子供たちに教えたかったからである，と解釈することができる。経済学では，「みんなが使う教室」のような特徴を備えた財のことを公共財と呼ぶ。みんなのために働くことは公共心のある行動と表現されうる。つまり，みんなのために働き，掃除に参加するべきであるという考え方を利他の心と呼ぶことができる。クラス担任の先生が，掃除をせずに遊んでいた子供たちを叱ったのは，利他心を教えるべき教育者として必然的な行動であったと認識される。

テロリズムの実行犯が生まれる理由と小学校の掃除の例とは，次のように対応している。まず，テロの実行犯を，ある宗教Aを信ずる集団

Aの信者であるとしよう。ある地域には，テロの実行犯以外にも集団Aの信者が多数いる。真面目に掃除をする小学生たちは，集団Aの信者と同じ立場にある。ある集団Aの有する規範を従順に守る人たちである。集団Aの信者たちは，その宗教Aの教える「正しい行い」をするべきである，と信者自らが考えている。そうした集団Aの信者の中でテロリストとなるのは，上記の例で言えば「小学校の先生」に該当する人たちである。この「先生」は，宗教Aを最も熱心に信じている。宗教Aの信者の中で指導的な立場に立っているかもしれないし，そうした立場に立とうと思っているかもしれない。この宗教Aにおける信者の立場から見ると，宗教Aを信ずることのない人は異教徒であり，宗教Aから見れば許されない行為を平気で行っていることになる。上記の例で言えば，真面目に掃除を行わない子供たちが，この異教徒に該当する。

異教徒の集団を集団Bと呼んでみると，利他心の果たす役割と限界が明確になる。つまり，集団Aと集団Bという2つの集団があって対立している状況のなかで，その片方である集団Aのための利他的行動をとることは，そのとき同時に集団Bに懲罰（ちょうばつ）を加えるべきである，という論理的な帰結をもたらす場合がある，ということである。この原理は，戦争の指導者や下士官・兵隊に与えられる論理と同じである。つまり，自国の国民のためという利他的な動機のために他国の兵隊を懲（こ）らしめる（殺す）ことが許されると考えるのと論理的には同じである。

このような論理が積み重ねられるとすれば，また，そうした思考の積み上げが妥当だと集団Aの人々に認められる状況のもとでは，宗教Aの最も先鋭な信者が，異教徒を罰することは「正しい行い」であることになる。小学校教室の事例で「先生」が叱る根拠となるのは，「みんなの教室をきれいに使う」という利他心であった。宗教Aを信ずる集団

Aの信者たちからみれば，利他心に基づいて異教徒に懲罰を与える正しい行為として論理的に説明可能となる行為が，テロリズムと同じ心理的性向に基づくものであることになる。

（2） 利他的懲罰理論の説明力

　この利他的懲罰の理論によるテロリズムの説明が興味深いのは，テロの実行犯による自殺攻撃（suicide attack）あるいは自爆テロ（suicide terrorism）と呼ばれる行動を説明できることにある。集団Aに属するテロリストは，自己の利益のために行動しているのではない。テロリスト本人の自己認識からすれば，利己心を捨てた自己犠牲的な利他的行動をしているのである。テロリスト本人は，集団Aのメンバーのために，つまり，利他心のために「正しい行動」をしていると信じている。そして，純然たる利他心とは，自らの生命を絶ってでも集団Aのメンバー全体のために奉仕することである。つまり，集団Aのために，集団Bに懲罰を与えることが「正しい行い」と認識されるのであり，そのために，テロリストとなった集団Aのメンバーは，利他的に自らの命を捧げるという行動をすることになる。この論理を追求すれば，自殺攻撃によるテロリズムが正当化される。この原理も戦争と共通しており，自殺攻撃によって命を失ったものは，宗教Aかつ集団Aの「神」の立場に並んで崇められることになる。なお，日本語で自爆テロと言った場合，爆破，銃の乱射，航空機での突入などの方法を含む。自殺攻撃はテロおよび戦争の双方について用いられる表現である。

　人類は，多数の宗教を創りだしてきたが，それぞれの宗教が「正しい行い」を教え，かつ，その「正しい行い」に宗教ごとの差があるとすれば，異教徒に対する利他的懲罰を行おうと考える人が常に生まれることになる。ただし，利他的懲罰を行うきっかけとなるものは，宗教的な「正しい行い」に関する認識の差だけではなく，経済的な格差である可

能性もある。集団Aからみて集団Bが豊かなのは、「集団Bが集団Aから経済的な利益を得る機会を奪っているからだ」、と考えるならば、集団Aの経済的利益を優先させようとする人々にとっては、集団Bへの懲罰が合理化される。それは集団Aのメンバーにとっては利他的な行動である。

4. テロリズムへの防御策

(1) フォーカル・ポイントを避ける

　テロが行われる場所と時間を予想することは困難だが、テロの実行犯は、多くの人々に知られている場所をテロの実行場所として選択する傾向にある。なぜならば、テロの本質が利他的懲罰にあるとすれば、懲罰という行動は、それが懲罰であることを第三者に知らしめる必要があるからである。懲罰を目撃することによって、同じ懲罰を自分は受けたくないと考える人が増えなければ懲罰にはならない。また、そのことゆえに、法の定めのない懲罰は行き過ぎたものとなりがちである。テロリズムの場合で言えば、誰もが知っている目立つ場所で殺戮を行うことで、その殺戮は懲罰の意味を持つことになり、テロリストの主張を広く宣伝することになる。

　シェリング（Schelling, 1960）は、ゲーム理論の研究において、ゲームのプレーヤーが念頭に置く「誰もが知っている場所」をフォーカル・ポイント（focal point, 焦点）と呼んだ。シェリングは、教室内の学生に対して、「ニューヨーク市内で別の学生と待ち合わせをするならば、どの場所にするか」を尋ねた。事前に打ち合わせをせずに、相手が待っていそうな場所で待つとすればどこか、という問題を出し、多くの学生がグランド・セントラル駅を待ち合わせ場所にすると回答したことを報告している（pp. 55-56）。これはゲーム理論でいうナッシュ均衡の例で

あり，シェリングは，「暗黙の協調（tacit coordination）」ないし「共通の利害（common interests）」と呼んでいる。テロリストが実行場所に選ぶのも，このフォーカル・ポイントに該当する場所である。

〔表4-2〕のテロ事件は，特定の個人を標的にしたものではない。テロリストたちの政治的な主張や目的が何であったかに関わらず，「誰もが知っている場所」にいた多数の一般人が犠牲となっている。最も犠牲者の多かったテロ事件は，2001年9月11日に起こったアメリカ・ニューヨークの世界貿易センタービルへの航空機自爆テロ事件である。ツィンコタ他（2010）の論文では，犠牲者の数を2,992名としているが，2,996名としている報告もある[9]。

2001年当時，世界貿易センターには複数の日系企業も入居していた。2011年5月3日の朝日新聞朝刊によれば，日本人犠牲者は24名であったとされている。新聞報道によれば，銀行・証券・保険といった金融関係の企業を中心として36社が入居した経験があったことを報じている。ただし，伊予銀行，千代田火災海上保険，百五銀行，安田火災海上保険については，事件発生以前に世界貿易センターから撤退していたとも報じられている。筆者が行った百五銀行広報部への電話インタビューによれば，2001年4月の段階で，支店から駐在員事務所に現地法人を改組し，世界貿易センタービルのオフィスが広すぎる状態になったために，ニューヨークの金融街に別のオフィスを借りたという偶然の結果であったという[10]。

〔表4-2〕には，1993年2月26日におきた世界貿易センターでの爆破事件も掲載されている。死亡者6名，負傷者1,042名であった。アメリカ・ニューヨークの世界貿易センタービルでは2001年に先立つ1993年にも爆破事件があった。そうしたテロ被害の頻度を考えるとき，賃貸物件としてオフィスを利用する日系多国籍企業の立地選択として，世界

---

9) http://911research.wtc7.net/cache/sept11/victims/victims_list.htm を参照されたい。（2018年1月30日確認）
10) 2018年1月30日，百五銀行広報部CSR室への電話インタビューに基づく。同社広報部より掲載の許可を得た。

貿易センタービルが必要不可欠な場所であったのかどうか，各社での検証が必要であろう。

（2）　経済的恩恵と思想的恩恵

　利他的懲罰がテロの原因であるとすれば，集団 A のメンバーが，集団 B に対して懲罰をする理由をなくせば，テロを防止できることになる。集団 B が，集団 A に対して思想的な恩恵を与え，かつ，経済的な恩恵を与えることができれば，集団 A のメンバーにとっては，集団 B に対して利他的懲罰を行うことを正当化する根拠を失う。

　国際経営における集団 B とは，受入国で活動する多国籍企業である。集団 A とは，その多国籍企業の子会社が活動する国において経済的に豊かではない少数者（マイノリティ）である。多国籍企業の活動によって雇用が生まれ，技術移転が進み，集団 A が豊かになるならば，それを経済的な恩恵と呼ぶことができる。重要なのは，思想的な恩恵を同時に与えていることを言葉にして伝えることである。多国籍企業が受入国の従業員に与える思想的な恩恵とは，職場における基本的人権の重視，仕事を通じた技能・技術の移転による達成感であり，自己実現の喜びにほかならない。言論の自由や表現の自由など，政治的・文化的な側面から思想的な恩恵を与える主体となるのは，政府であり，民間交流でもある。

《学習課題》

1. 2016 年 7 月 4 日の朝日新聞・朝刊には，2016 年 7 月 1 日夜にバングラデシュのダッカで発生した高級レストランにおけるテロ事件の経緯が報道されている。その記事の一部を読み，利他的懲罰の理論に基づいて，テロの犯人たちの心理を推測し，読み取ってみよう。

　「バングラデシュ人の男性客の一人によると，客らを二つのグループに

分けた。外国人たちは上の階に連れて行かれ，バングラデシュ人は，そのままテーブルにとどまらせたという。ある男性従業員は武装グループの男に自動小銃を突きつけられ，「お前はイスラム教徒か」と問われた。「そうです」と震えながら答えると，男は「それならば行け。助かりたければ走れ」と応じた。男性は全力で走り，フェンスによじ登って逃げた。その後，武装グループは爆弾を爆発させ，無差別に自動小銃を発砲し始めたという。バングラデシュ人の生存者の一人は，同僚2人と日本人1人と店内の別の部屋に隠れたが，武装グループの男に見つかった。男は「恐れなくてよい。我々はイスラム教徒は殺さない。イスラム教徒ではない者と，イスラム教徒の世界を破壊している者を殺しにきた」と言ったという。」
2．金融庁のデータベース，EDINETを検索して，いくつかの企業の貸借対照表を探し「受取手形および売掛金」と「総資産」の比率を計算してみよう。

参考文献

- Czinkota, M. R., Knight, G., Liesch, P. W, and Steen, J. (2010) "Terrorism and international business：A research agenda," *Journal of International Business Studies*, vol. 41, no. 5, pp. 826-843.
- Fehr, E., and Gächter, S. (2002) "Altruistic punishment in humans," *Nature*, vol. 415, pp. 137-140.
- Giambona, E., Graham, J. R., and Harvey, C. R. (2017), "The management of political risk," *Journal of International Business Studies*, vol. 48, no. 4, pp. 523-533.
- Schelling, T. C. (1960) *The Strategy of Conflict*, Cambridge Mass.：Harvard University Press.（シェリング，T. C.『紛争の戦略—ゲーム理論のエッセンス—』河野勝訳，勁草書房，2008年.）
- 中小機構国際化支援センター海外展開支援課(2013)『海外展開のF／Sハンドブック』中小企業基盤整備機構.
- 日本貿易振興機構（ジェトロ）(2006)『中国ビジネスのリスクマネジメント—リスクの分析と対処法—』ジェトロ.
- 洞口治夫（1992）『日本企業の海外直接投資—アジアへの進出と撤退—』東京大学出版会.

5 | 多国籍企業と文化

原田順子

《目標＆ポイント》 私たちは他の組織の人々と接して，組織文化の違いを認識することがある。様々な要素が組織文化とかかわっている。企業文化，社会文化についても考え，文化という多面的なものについて学説を中心に学習する。
《キーワード》 国際化，異文化，企業文化，組織文化

1. 日本人と国際化

　人材は重要な経営資源であるが，資金や資材のような「単なる資源」ではなく大切な命（繊細な生身の人間）である。したがって，人が馴染みのない社会で本来の力を発揮できるとは限らない。一般に，言語・非言語のコミュニケーションや習俗の違いに慣れるには時間がかかる。日本人にとって外国は文化圏も異なるから，エジプト人がアラブ首長国連邦に行ったり，オーストラリア人がイギリスに行ったりするのとは比較にならないほど大変である。同様に，外国人が日本人と国内外で働く場合にも摩擦を感じるであろう。また，海外に赴任する人にとって，単身赴任か家族帯同かにかかわらず，家族の生活や教育の問題が現れる。企業は社員のみではなく家族をも含めた支援が求められる。しかし，日本企業の対外投資による経営の国際化は進行している。
　外務省領事局政策課（2017）によると，日本人の長期滞在者（3か月以上海外に滞在しているが，いずれわが国に戻るつもりの者）と永住者

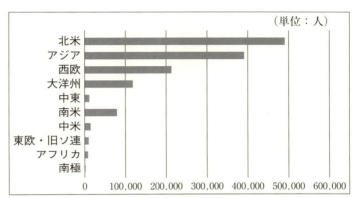

図 5-1　地域別在留日本人数推移

（注）数値は永住者を含む 3 か月以上の滞在者で，2016 年 10 月 1 日現在の総数である。ただし，在外届けを提出していない者は含まない。
（出所）外務省領事局政策課（2017）『海外在留邦人数調査統計：平成 29 年要約版』データより筆者作成。
〈http://www.mofa.go.jp/mofaj/files/000260884.pdf〉2018 年 2 月 25 日検索。

は，1996 年から 2016 年の 20 年間でおよそ 75％増加し，130 万人を超えている（2016 年 10 月 1 日時点）。地域別にみると，〔図 5-1〕に示されるように北米が最も多いが，アジア地域の比率が年々高まってきている。同資料で地域別職業構成（長期滞在者）に注目すると，民間企業に勤務する人数はアジアが北米の 2 倍となっている。

一方，〔図 5-2〕に見られるように日本企業の海外現地法人における従業者数は約 560 万人である（経済産業省，2017）。地域別にみると圧倒的にアジアの従業者数が多く，全体の 7 割にあたる 300 万人が働いている。このような海外現地法人の拡大に伴い，そこに働く人々の適切な雇用管理の必要性が高まっていると考えられる。

同様に，日本国内の外国人労働者も増加しており，2008〜2017 年の 10 年間で 2.6 倍になった（厚生労働省，2018）。現在，約 130 万人の外

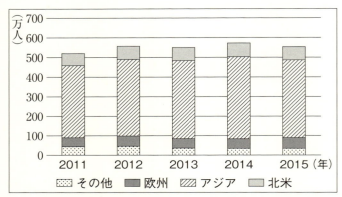

図 5-2　日本企業の海外現地法人における従業者数の推移（2016 年度）
（注）現地法人とは，海外子会社（日本側出資比率が 10％以上の外国法人）と海外孫会社（日本側出資比率の 50％超の海外子会社が 50％超の出資を行っている外国法人）を指す。
（出所）経済産業省（2017）『第 46 回 海外事業活動基本調査概要』
〈http://www.meti.go.jp/statistics/tyo/kaigaizi/result/result_46/pdf/h2c46kaku1.pdf〉2018 年 2 月 25 日検索。

国人労働者が 19 万か所の事業所で就労している（2017 年 10 月末。厚生労働省，2018）。この数値は過去最多であるが，増加の背景には高度外国人材や留学生の受け入れの進展，労働需要の高まりに伴う「永住者」「日本人の配偶者」等の就労拡大，技能実習制度の活用などがあると分析される。なお，外国人労働者の出身地域は中国，ベトナム，フィリピン等のアジアが中心である（厚生労働省，2018）。就業地域に注目すると，外国人労働者が多いのは，1 位・東京，2 位・愛知，3 位・大阪，4 位・神奈川，5 位・埼玉で，これらの 5 都府県で全体の半数を占めている。

　以上のように，国内外を問わず，日本人，日本企業が，文化の異なる人々との協働を意識する時代になった。したがって，国際経営を考えるうえで文化に関する課題を学ぶ意義は一段と深まったと言えよう。

2. 多文化と経営

　人間の考え方や行動の仕方は多様である。様々な文化の定義があるが，まず，心のプログラムとしての文化という捉え方を紹介する。人間の文化に優劣はないとする考え方を文化相対主義というが，その伝達は学習されるものであるという。人をコンピュータにたとえると，ハードウェアに大差はないが，組み込まれているソフトウェアが異なると，ホフステード（1995）は主張する。彼は，考え方・感じ方・行動の仕方をメンタル・プログラミング／ソフトウェア・オブ・ザ・マインドと表現している。すなわち，人類には，喜怒哀楽，他者とのつきあい，遊び，コミュニケーションなど普遍的な精神の働き（オペレーティング・システム）があり，それを人間性という言葉で置き換えることもできる。しかしこれらの感情の処理と表現は学習するにより体得するもので，集団やカテゴリーに特有の文化によって異なる（ソフトウェア・オブ・ザ・マインド）というのである。

　次に，言語・非言語のコミュニケーションは，個人の文化的背景が解読に影響を及ぼすと説明するアドラー（1996）の学説を紹介していく。言語・非言語のメッセージの発信者と受信者の文化的差異が大きければ大きいほど誤解や摩擦が生じる。しかし今日の企業社会においては，国際化は徐々に深化してきている。〔図5-3〕のように，国内企業は国内の文化的多様性にのみ注意を払えばよいが，輸出を行う国際企業は相手国・地域の文化を知る必要がある。他方，価格が最優先事項になっているような多国籍企業では，文化そのものの影響はかえって小さいかもしれない。さらに，人の国際化が全ての階層で進展し，国・地域の嗜好を製品やサービスに反映したうえで，生産・供給チャネルを全世界的に決定するような真のグローバル企業においては，異文化相互作用の管理は

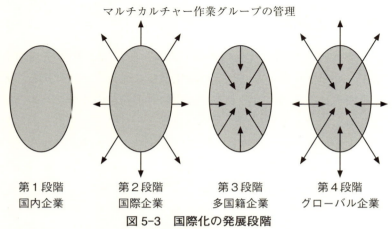

図 5-3　国際化の発展段階

（出所）アドラー．N. J.（1996）『異文化組織のマネジメント』セントラル・プレス, p. 119。

より重要になる。

　では文化的多様性は, 企業に損失しかもたらさないのかという疑問が湧いてくる。多文化は混乱を起こすというデメリットがある一方で, 文化的多様性が多様な視点や解釈, 問題解決スキルの増大, 外国人顧客への対応能力の向上など, 組織にとってのメリット（異文化シナジー効果）があると考えられている〔表 5 - 1〕。

　ところで, 異文化シナジー効果はどのような条件下で発揮されるのであろうか。その鍵となるのは, タスクの性質と多様性の管理である。各自が高度に専門的な役割を担い, 困難で自由裁量の余地の大きいタスクでは, 多元的視点が生かされるであろうが, ラジオの組み立て作業のように単純な反復作業が期待される場面では多様性が強みになるとは考えられない。そして, 文化に関する訓練を受けたリーダーが, 多様なメンバーが相違を超越するような目標を適切に示し, メンバーを同等に扱い

表 5-1　文化的多様性のメリットとデメリット

利　点	欠　点
多様性は創造性を増大させる	**多様性は一体感を十分に育てない**
より広い視野	**不信感**
より多くの優れたアイデア	互いに魅力を感じない
「集団思考」の抑制	固定観念
多様性は他の人々の	同一文化圏同士の会話
アイデア	**コミュニケーション・ミス**
意味合い	遅い話し方：母国語以外での会話と通訳の問題
議論	不正確さ
を理解するための集中力を養う	**ストレス**
	より多くの非生産的な行動
	内容に関して少ない異議
	緊張
創造性の増大は次のことをもたらす	**一体感の欠如により次のようなことができない**
より的確な問題規定	アイデアとメンバーの適正な評価
より多くの代替案	合意が必要な時の合意
より効果的な解決策	意思決定に対する合意の確保
より優れた意思決定	調和的な行動
グループは次のようになる	**グループは次のようになる**
より効果的	より低い効率
より高い生産性	より小さい効果
	より低い生産性

（出所）アドラー．N. J.（1996）『異文化組織のマネジメント』セントラル・プレス，p. 128。

（主流・反主流をつくらず），相互の尊敬を醸成し，適切なフィードバックを与え，巧みに管理することが，多文化グループの生産性向上に不可欠であると言われている（アドラー，1996）。

3.　企業文化

　この節では，企業文化とその管理について学習したい。

（1） 戦略的資源としての企業文化

　そもそも経営戦略に関する学説は，1960年代のアメリカで生まれ，多角化により成長する大企業の事業部制組織の問題を中心に発展をとげてきた。現代では経営戦略の分類に諸説あるが，1990年代以降に研究が盛んになった資源ベース理論（たとえばプラハラード・ハメル，1990）により，多角化した企業において，事業の束（バンドル）のみならず，自社のコア・コンピタンス（優位性のある中核能力）が価値の源泉として注目されるようになった。企業の戦略的資源とは，人的資源，物的資産，金融的資産，組織的資産に大別できる。組織的資産は，知識，知的資本（形式知，内在知，暗黙知），利害関係者からの評判（顧客からの評判であるブランドを含む），コンピテンシー（高い成果の源泉となる行動特性），そして企業文化を指す（クルイヴァー・ピアースⅡ世，2004）。すなわち企業文化は組織の心理的な財産であり，将来の業績予測にも関連するのである（ホフステード，1995）。

　また，組織文化には以下の4機能があると言われている（北居・出口，2003）。第1に，組織文化を共有することで組織内のマネジメントが容易になる。第2に，「暗黙の了解」があるために組織内の情報伝達がスムーズになる。第3に，組織が共有する目標や理念によりメンバーの動機づけが行われる。第4に，組織とメンバーの行動が首尾一貫していることで組織の信用が高まる。そして，企業の繁栄に望ましい文化には共通点があるとするワン・ベスト・ウェイ理論と，条件によりベスト・ウェイは変わるとする条件適合理論という異なる考え方がある。

（2） 企業文化の形成とリーダーシップ

　企業文化についてよく引用されるシャイン（2004）の論説を紹介する。彼は，すでに形成された企業文化は階層的であり，文物（レベル1），標榜されている価値観（レベル2），共有された暗黙の仮定（レベル3）

という段階を想定する。従業員は企業文化の背後に潜む基本的仮定をもとに行動するから、「ここでのやり方」が形成されると説く。つまり彼の文化の定義は、観察される行動や意思決定そのものではなく、その下にある価値観や暗黙の仮定から発生する特徴や癖なのである。以下にシャインの考え方を紹介しよう。

シャイン（2004）は架空の企業、アクション社、マルチ社を例に、文化を解読するために必要となる多層的な要素の理解を解説した〔表5－2〕。アクション社にはドアや仕切りが少なく、社員はカジュアルな服装で働き、活気があり、物事のテンポが速い。一方、マルチ社のオフィスではドアは閉ざされ、きちんとした服装をした人々が静かに仕事をしており、時間をかけて物事が進められている。両社の企業文化を知るためには、こうした表面的な観察だけでは不十分であるという。このレベルの下にある価値観がチームワーク重視なのか深慮重視なのか。共有された暗黙の仮定が、従業員間の議論重視なのか、経営者が立案の効率的な実行を重視するのかということを理解しなければ、真の理解とは言えないと説かれている。では共有された暗黙の仮定はどのように形成されるのであろうか。〔表5－2〕最下段にあるように、まず創業者の意思があり、共鳴する社員が集ってくる。そして、創業者のやり方が的外れではない場合に市場競争で生き残り、その成功体験から創業以来のやり方を変えず、次第に暗黙の文化とし継承されていく。したがって創業者（および、その後のリーダーたち）の影響が文化を形成する鍵となると考えられる。

企業文化は市場での生き残り競争に重要な役割を果たすので、その管理（文化の創造、維持、必要な場合の破壊）は重要である。今日では、ビジネス環境の変化が激しいため、組織の慣性が経営にマイナスの影響を与えてしまうこともあろう。そのような場合に文化を破壊することも

表 5-2　文化のレベル

	アクション社	マルチ社
【レベル1】 文物（人工物）	開放的なオフィス空間。カジュアルな服装。賑やか。テンポが速い。	閉鎖的なオフィス空間。フォーマルな服装。静寂。時間をかけて物事が進められる。
【レベル2】 標榜されている価値観	チームワークを大切にするため，コミュニケーションをとりやすくしている。	慎重に考えて良い決断を下すことが重要である。そのための環境に配慮している。
【レベル3】 共有された暗黙の仮定	議論を尽くした決定がよい。そう考えた創業者の考えの影響。	アイディアを効率よく実施できる規律の厳しい組織が良い。創業者は精密な製造工程に特許権を持つ科学者だった。
	各社の創業者に共感する人々が惹きつけられ，両社は市場で生き残り（成功体験），創業以来の価値観が維持された。	

（出所）シャイン（2004）第2章の記述から筆者作成。

含めて，企業文化の管理はリーダーの使命と考えられている（シャイン，2004）。これには異なる考え方もあり，最高経営幹部によるトップダウンのリーダーシップが唯一絶対ではなく，企業内でそれなりの責任を持つマネジャーたちが，企業文化と一致するビジネスミッションを策定したり，ビジネスミッションに適合するように企業文化を変化させたりするということも必要（たとえば，トロンペナールス＝ウーリアムズ，2005）と指摘されている。

つけ加えると，前述のような一つの全社文化（organizational total-culture）の研究が多く見られるが，視点をマクロからミクロに移すと，部門別，階層別の下位文化（sub-culture）も存在し（咲川，1997），この分野の研究もなされている。

4. 組織文化と社会文化

　国際経営を考えるうえで，企業文化と社会文化の関連を整理することは重要である。企業文化を形成する内部的要素には，組織の経営者や創設者による理念や行動，過去の成功体験，神話・武勇伝，儀式・儀礼，人事諸制度などが挙げられるが，法律，社会制度，習慣，風土，社会文化などの企業外の社会的要素も密接に関わっている（北居・出口，2003）。企業文化よりも広い範囲を指す組織文化と国家レベルの社会文化に関して，ホフステード（1995）は次元の異なる現象であると結論づけている。〔図5-4〕に示されるように，国家による差異が大きいのは価値観で，勤務する組織による差異が大きいのは慣行である。同様に，トロンペナールス＝ウーリアムズ（2005）も組織内で仕事上，共有する「方法」は国や国民性の違いに支配されないと述べている。

　ホフステード（1984）は，1967-73年に40か国のIBMにおいて，営業部門，管理部門に勤務する11万人以上に対する調査を実施した（後に，10か国と3地域が加えられた）。同一企業において以下の4つの指

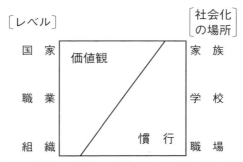

図5-4　国家・職業・組織レベルでの文化の違い

（出所）ホフステード，G.（1995）『多文化世界：違いを学ぶ共存への道を探る』有斐閣，p.194。

標が，いかに国別に異なるかが研究された。研究結果は，これらの指標は国ごとに明らかに差異があり，IBMという多国籍企業内における国別の文化により差異があるということが示された。

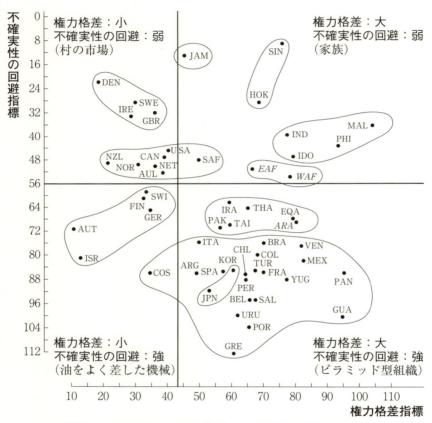

図5-5　各国IBMの権力格差と不確実性の回避の次元
（注）日本はJPN，アメリカはUSAと記されている。
（出所）ホフステード，G.（1995）『多文化世界：違いを学ぶ共存への道を探る』有斐閣，p.150。

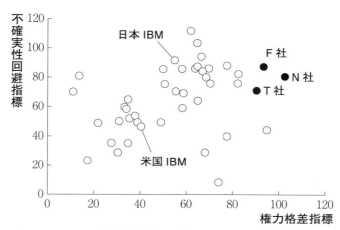

(Hofstede〔1980, Figures 7.2〕を簡略化したうえに日本企業3社〔F社，N社，T社〕を重ねてプロットしたもの）

図 5-6　日本 IBM と日系電気メーカー

(出所) 高橋伸夫（1997）「組織文化と日本的経営」高橋伸夫編著『組織文化の経営学』第1章，中央経済社，p.10。

①階層内で受容される権力格差の程度
②個人主義─集団主義の程度
③仕事の方法，結果に対する不確実性の回避度
④仕事に付随する価値の男性度・女性度（給与・承認・昇進・やりがいに対する欲求を男性的価値，上司・同僚・居住地・雇用保障に重きを置くことを女性的価値など，いくつかの指標により定義される）。

　この調査を踏まえて，高橋（1997）は〔図5-5〕と同様の分析軸（①権力格差指標，③不確実性回避指標）に焦点を当て，日本の大手電気メーカー3社（F社，N社，T社）を調査した。その結果，〔図5-6〕のように3社は近接しているが，日本 IBM は乖離した位置にあることが明

らかにされ，日本企業3社に共通する特徴があると論じられた。

前述のように，組織文化と社会文化が次元の異なる現象であると考えれば，「多くの国に支社を持つ1つの企業」と「1つの国にある複数の企業」の研究は同等に意義深く，ホフステード（1984）と高橋（1997）の調査結果が矛盾しているとは言えない。「多くの国に支社を持つ1つの企業」の中で，社会文化による差異がみられるのは納得できる。同時に，その多国籍企業には独自の組織文化というものがあり，純粋なローカルの会社とは異なる特徴が観察されることも理解できるからである。

《学習課題》
1．あなたが経験した異文化体験について，教材に示した視点から振り返ってください。
2．日常生活のなかで，企業文化が生産性にかかわっていると思う例を考えてみましょう。たとえば消費者の立場から何らかの意見があるはずです。

《引用文献》

本章は吉森 賢・原田順子『国際経営』（2009年，放送大学教育振興会）の第5章「組織と文化」（原田順子）を基に，加筆修正したものである。

・アドラー，N. J.（1996）『異文化組織のマネジメント』セントラル・プレス．
・外務省領事局政策課（2017）『海外在留邦人数調査統計：平成29年要約版』
　〈http://www.mofa.go.jp/mofaj/files/000260884.pdf〉2018年2月25日検索．
・北居明・出口将人（2003）「経営戦略と組織文化」加護野忠男編著『現代経営学講座6：企業の戦略』第4章，八千代出版．
・クルイヴァー，C. A., ピアースⅡ世，J. A.（2004）『戦略とは何か：ストラテジック・マネジメントの実践』東洋経済新報社．

- 経済産業省（2017）『第46回 海外事業活動基本調査概要』〈http://www.meti.go.jp/statistics/tyo/kaigaizi/result/result_46/pdf/h2c46kaku1.pdf〉2018年2月25日検索.
- 厚生労働省（2018）『「外国人雇用状況」の届け出状況まとめ』〈http://www.mhlw.go.jp/file/04-Houdouhappyou-11655000-Shokugyouanteikyokuhakenyukiroudoutaisakubu-Gaikokujinkoyoutaisakuka/7584p57g.pdf〉2018年2月25日検索.
- 咲川孝（1997）「組織文化とイノベーション」，高橋伸夫編著『組織文化の経営学』第9章，中央経済社.
- シャイン，E. H.（2004）『企業文化：生き残りの指針』金井壽宏監訳，白桃書房.
- 高橋伸夫（1997）「組織文化と日本的経営」，高橋伸夫編著『組織文化の経営学』第1章，中央経済社.
- トロンペナールス，F．，ウーリアムズ，P.（2005）『異文化間のビジネス戦略：多様性のビジネスマネジメント』白桃書房.
- プラハラード，C. K．，ハメル，G.（1990）「コア競争力の発見と開発」『ダイヤモンド・ハーバード・ビジネス』，9月号.
- ホフステード，G.（1984）『経営文化の国際比較：多国籍企業の中の国民性』産業能率大学出版部.
- ホフステード，G.（1995）『多文化世界：違いを学ぶ共存への道を探る』有斐閣.

6 | 多国籍企業の知識と技術

洞口治夫

《目標&ポイント》 多国籍企業が新製品や新たなサービスの競争力を獲得していくプロセスでは，新たな知識を獲得する必要が生まれる。組織として，体系的に新たな知識を生み出せる企業が，ライバル会社に対して優位な立場に立てる。本章では，知識をいかに管理し，新たな知識を創造するか，に関する経営学の理論を学ぶ。

《キーワード》 記号（symbol, sign），情報（information），知識（knowledge），暗黙知（tacit knowledge, tacit knowing），創発（emergence），形式知（explicit knowledge），知識創造理論，暗黙知依存の危険性，集合知（collective knowledge, collective intelligence）

1. 多国籍企業の知識管理

　2016年3月19日に開催された日本ナレッジ・マネジメント学会はエーザイ株式会社本社の本館ホールおよび小石川ナレッジセンターで開催された。学会では，当時エーザイ株式会社代表執行役CEOであった内藤晴夫氏による基調講演「企業経営理念の実現に向けたSECIモデル」を多くの参加者が聴いた。参加者は，大学教授，大学院生や実務家であった[1]。講演タイトルに含まれている「SECIモデル」とは，本章で紹介する知識マネジメントの方法論の一つである。

　エーザイは，医薬品や化粧品などで知られる日本の代表的な多国籍企業である。積極的な研究開発活動でも知られており，アメリカ（4拠点），イギリス，中国，インド，シンガポールの5か国8拠点に創薬研

---

1) 筆者はその参加者の一人であった。

究拠点を開設している[2]。エーザイは，東京都文京区小石川に「小石川ナレッジセンター」という施設を置いており，欧州とインドにも「ナレッジセンター」がある[3]。

　研究開発は，新商品の開発につなげられ，新商品はマーケティング戦略によって消費者の手に届けられる。研究開発・商品開発・マーケティングという企業活動の基盤となっているのは，知識（ナレッジ）の管理という側面である。多国籍企業は，どのようにして知識を獲得し，また，新たな知識を生み出しているのだろうか。本章では，知識管理の理論について概説し，国際経営への応用について解説する。

　第2章で見たように，ハイマーは，企業の優位性があるときに対外直接投資が行われると説いた。その優位性を支えるものは，ペンローズによれば企業の保有する資源であり，経営者を中核とする経営資源である。優れた経営資源を有する企業は，優れた能力（capability）を有することになる。

　企業の保持する能力とは何か。単純化して言えば，企業の能力とは利益を稼ぎ出す能力である。その能力に対してお金を払ってくれる顧客がおり，その金額合計が，企業活動を維持しうる水準以上に達していることである。利益を獲得できない企業は，廃業に追いやられる。

　ペンローズ（Penrose, 1959）は，企業が保有する資源（resources）とその資源が生み出すサービス（利用方法）が，企業にとっての「投入」（input）となることを説いた。これらの資源とそのサービスを有効に使う機会と方法を見つけ出すのが企業家の役割である。ペンローズ（1959）は，その方法を「客観的知識（objective knowledge）」の獲得と「経験（experience）」と呼んでいる。前者は，言葉で伝達可能であって，教えたり，学んだりすることができるのに対し，後者は，経験した者以外には伝達不可能な知識である（原著53～54ページ，訳書87～89ページ）。

---

2) エーザイ株式会社ホームページ，http://www.eisai.co.jp/company/business/research/structure/index.html より引用。2018年5月14確認。
3) 同上。

本章では，企業の行うべき知識管理の手法を説明する。そのための基礎概念として，記号，情報，知識の関係について説明する。そののち，暗黙知，形式知，集合知の区分について解説し，さらに，インターネット時代の知識創造の方法として集合知マネジメントについて説明する。そのうえで，暗黙知という概念を安易に用いて経営を行うことには，いくつかの危険性があることを示す。

2. 知識の基盤

(1) 記号・情報・意味

経営学は，経営戦略，経営組織，経営管理の各分野から成り立っている。経営管理の重要な構成要素としては生産管理，販売管理（マーケティング），財務管理（ファイナンス），人的資源管理（HRM），情報管理が伝統的な管理の区分であったが，それに加えて，知識管理が第6の重要な管理論として注目を集めている。知識管理が重要であるのは，それが企業の競争力に直接に結びつき，経営戦略の構成要素となるからである。

知識とは，人間が理解した意味の体系である。意味を理解するために，人は記号を用いる。英語には sign や symbol といった単語があり，日本語ではどちらも記号と訳される。記号が発話される言語であるか，書き記される文字や形であるかは本質的ではない。人間は，思考の手順として，なんらかの記号を手に入れる必要がある。その記号を伝達するときには，伝達される記号のことを情報と呼び，その情報から意味を読み取るときに用いる思考の基盤を知識という。

たとえば，110という数字の並びは1と0という2つの記号から成る。それ自体には何も意味はない。110という記号を情報として受け取った人間が，それをいかに理解するか。情報から，意味を読み取る作業を

行うために必要なのが知識である。たとえば，電話番号の110は，日本では警察を呼ぶ緊急時の電話番号である。あるいは，二進法で表記された110であれば，それは十進法の6を意味する。情報として受け取った110を，警察を呼ぶための緊急電話番号として理解するのを助けるものが，知識である。同様に，情報として受け取った110を，二進法として解釈し十進法に翻訳しなおす行為を助けるものが，知識である。記号，情報，知識には，このような階層関係が成り立っている。

（2） 知識と経営

　知識のあり方と企業経営とが結びつけられたのは，20世紀後半である。科学のあり方を論じた科学哲学の進歩が，その動向に大きな影響を与えた。ポランニー（1966）による暗黙知（tacit knowledge, tacit knowing）の概念は，知識の定義を広げることに役立った。彼は，人が言葉にできる以上のことを知りえており，その状態を「知」の一つの形態であると認識し，暗黙知と呼んだ。暗黙知という概念を明示することで，文字に表される知識とは異なった「定義されない知識」の存在を主張した。さらに，そうした定義不可能な知識の存在によって，新たな知識の創発（emergence）が生まれることを論じた。

　創発とは，意図せざる結果からもたらされる状態や，予測不可能な進化形態が生まれることを指す。たとえば，抽象画を描く画家が，油絵具の入った絵具缶をキャンバスに打ちまけて絵画を描くことに似ている。絵具缶にどのような色の絵の具を入れるかは画家が決めるが，どのような絵が生まれるかは画家も決められない。予測不可能な進化形態の例としては，インド国内で食べるカレーと，日本国内のカレーと，タイ式カレーとを比較することができる。長い歴史のなかで，各国で独自のカレー文化が進化し定着したとみることができる。何世代かにわたる料理人たちの工夫が積み重ねられて定着した料理のレシピは，創発の一例である。

知識管理の議論を魅力的なものにしたのは，暗黙知への着目である。ポランニー（1966）は主著『暗黙知の次元』の中で，暗黙知を人が知りえていることでありながら言葉にできない知識と定義している。ポランニー（1966）は，知識の概念には身体性が含まれていると言っている。身体性とは，体を使って表現される行為に知識が含まれていることを指している。たとえば，技能と呼ばれる能力には，言葉にできない知識が含まれていることを指す。文字にできる形式的な知識だけではなく，技能やノウハウ，体力や味覚・触覚・嗅覚・聴覚といった人間の持つ機能が与えた認識や記憶が暗黙知の定義には含まれている。

　他方では，言語によって説明可能な知識を形式知（explicit knowledge）と言う。形式知の具体的なイメージとしては，自然言語以外に，コンピューター言語によるプログラミングを挙げることができる。プログラミング言語によって表現可能なものが形式知であり，プログラミング言語によっては表現が不可能であるか，あるいは，意図された表現とは異なる受け止め方をされることが暗黙知である。暗黙知とは，人間の顔の認識のように，客観的には表現できない知識の一部である。たとえば，メールや電話では相手の表情や感情まではうまく伝わらず，スカイプやテレビ電話を利用した会話や実際に会うという行為によって，相手の顔の表情を確認しながら濃密な情報交換をすることができる。形式知と暗黙知の概念は，前述したペンローズ（1959）による客観的知識と経験の定義に対応している。

　暗黙知の概念を引用しながら経済の進化プロセスを研究したのはネルソン＝ウィンター（Nelson and Winter, 1982, 第4章）であり，日本の経済学者・経営学者によっても応用されてきた。猪木（1985, 1987），小池・猪木（1987）らは，暗黙知の概念を技能形成の説明原理として援用しながら，アジアの製造業職場における熟練形成の実証研究を行っ

た。猪木（1987）は，「定義できない知識」が存在するために，現場の人間が持っている知識や技能を完全に収集し，管理し，また，適切に知らせていくという仕事を経営者層が遂行していくことはできない，と論じている（p.213）。したがって，経営者層は知識そのものを管理するのではなく，知識を有していると考えられる組織内部の人を管理することになる，という。

3. 知識創造理論

野中（1990），野中・竹内（1996）は，暗黙知から形式知への転換の過程において知識が生成されると主張し，自動パン焼き器の開発過程と自動車の設計過程を事例として取り上げた。一連の著作による知識創造の理論は，暗黙知の概念を重視した経営理論として世界の経営学会に影響を与えた。すなわち，知識創造理論に基づいて活動する企業が自己革新的組織として活動できることを示唆し，企業を取り囲む環境の不確実性，複雑性が高まるなかで，組織が知識を創造していくことの重要性を示唆したと言える。

野中・竹内（1996）の知識創造理論において，暗黙知を形式知に転換していくことから知識が創造されるという説明を示したのが，〔図6-1〕である。〔図6-1〕の左側が投入（インプット）であり，上方向に産出（アウトプット）が行われる。暗黙知を投入して暗黙知が出てくると共同化（socialization），暗黙知を投入して形式知になると表出化（externalization）と呼ばれる。形式知を投入して形式知を産出すると連結化（combination），形式知を投入して暗黙知を産出すると内面化（internalization）である。これら4つの象限から成るモデルは，それぞれの頭文字をとってSECIモデルと呼ばれる。

野中・竹内（1996）によれば，内面化・共同化・表出化・連結化のサ

図 6-1　野中郁次郎・竹内弘高の SECI モデル

（出所）Nonaka = Takeuchi（1995），*The Knowledge Creating Company*, Oxford University Press, p. 62, 図 3-2 および同書邦訳，野中・竹内（1996）図 3-2 より引用。ただし矢印の位置を加筆した。

イクルを何回か回すことによって知識が高度化していく，と言う〔図6-2〕。このスパイラルを回すのがマネージャーの役割である。野中・竹内（1996）らは乗用車の商品開発を例として，車内空間の広い乗り心地のいい車を創るという目的のために，開発チームが合宿をし，会議を重ねて新しい商品のコンセプトをつくった，という事例を挙げた。この共同化の作業ののちに，車高(しゃこう)，車幅(しゃふく)，デザイン，ウィンドウの形など，細かな設計情報データを表出化し，さらに連結化する。試作車に乗ることによって，当初意図したコンセプトが満たされているかどうかを体感してチェックし，設計の意図を内面化する。

〔図6-2〕には，4つのプロセスが螺旋(らせんじょう)状になりながら進められる知識創造スパイラルが示されている。共同化，表出化，連結化，内面化という4つのプロセスが個別にではなく，相互に連携し合いながらアウトプットを生み出していく。ここで知識が創造される。知識創造理論では，

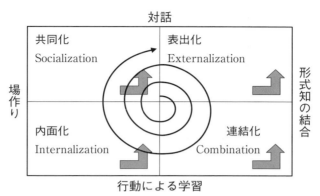

図 6-2 知識スパイラル

(出所) 上掲，Nonaka＝Takeuchi (1995), p. 71, 図 3-3 および同書邦訳，野中・竹内 (1996) 図 3-3 より引用。ただし，矢印の位置を加筆した。

さらに環境の不確実性を組織内部に主体的に取り込むべきである，ということが述べられている。つまり，意図的にあえて環境の不確実性を組織に取り込み，そのことで組織にとって必要な新しい知識を生み出そうとする考え方が強調されている。

本章冒頭に紹介したエーザイ CEO の内藤氏によれば，SECI モデルを応用して医薬品開発が行われている，という。つまり，エーザイ社員が病院に泊まり込み（共同化），患者のニーズを感知して社内に報告し（表出化），それらの報告を集めて（連結化），研究開発の方向性を定めている（内面化），という[4]。

4. 暗黙知依存の危険性

暗黙知を強調した経営には，一つの危険がある。それは，暗黙知を発揮する前の，いわば「事前の知識レベル」が軽視される，という危険である[5]。指先の微妙な感覚でパン生地をこねる職人の技が暗黙知であり，

---

[4] 本章脚注1) に同じ講演会の報告内容に基づく。
[5] 以下，洞口 (2009) 序章に依拠している。

その暗黙知を数値化してパン焼き器に置き換えることが暗黙知の形式知化であるとされるのだが，それを知識創造と呼ぶという論理は思考のプロセスについての留意が足りないという意味で必ずしも十分ではない。

　言葉にできない感覚を，感覚として理解するためには，感覚への自覚が必要である。小麦粉，強力粉，薄力粉，イーストの違いを理解していないパン職人が，指先の感覚だけに頼っても，おいしいパンは生まれない。パン焼き器の設計に必要な専門知識として，熱センサーの設計，省電力化のための回路設計やカスタマイズされたLSIの設計，電源回路における内部抵抗の計算，容器成形のための金型設計とCADの利用，熱伝導率を勘案した材料選択やデザインといった要素技術についての形式知が必要であり，それらはパン焼き器設計者に必要な事前の「知識レベル」として要請されている。

　形式知を理解する作業，すなわち，野中・竹内（1996）の用語でいうところの内面化には，個人の努力が必要となる。高度な形式知を理解して，高度な暗黙知を得るためには，優れた理解力を持つ必要がある。文章，数学，音符といった形式知を理解した人間は，それを理解していない人間よりも，より微妙な違いを伝達することができる。形式知は，暗黙知を獲得する前提として働く。形式知を理解するための教育方法に新たな革新があったときに，暗黙知も高度化する。暗黙知を重視することで，形式知を理解するという努力と，そのための教育的な技術が不要になるものではない。複数の個人による形式知の連結化では，さらに困難な条件が満たされねばならない。つまり，高度な形式知を理解できる多数の個人が揃ったときにのみ，形式知が連結される。

（1）　知識は集合的に創られる[6]

　野中・竹内（1996）の知識創造理論では，何人の人々が共同化を行い，何人の人がどのようにその内面化を行うのか，明確ではない。共同

---

6)　洞口（2009），p. 24 参照。

化のときには集団として，表出化のときには複数の個人として，連結化のときには個人の集合体として，内面化のときには集団の中の個人として活動が営まれているように思われる。

「個人が知識を創りあげる」という活動は理解しやすいものである。知識には，そうしたイメージがある。暗黙知の概念を定義したポランニー（1985）が強調したのも，個人の知的活動とその固有性である。形式知の伝達では，さらに個人が重視される。つまり，個人の理解した内容を，また別の個人に説明することが想定されている。知識は，個人間を移転する。たとえば，本に書かれた知識を正確に，早く理解できる人が，それを理解できない人に説明する。暗黙知と形式知という二分法としての知識には，そうしたイメージがある。

他方では，人間の持つ知識が限定されたものであることに注意を喚起した学者もいる。人間の行動における「限定された合理性」の概念を提起したサイモン（Simon, 1945）である。経営戦略論のアンゾフ（1969）もまた，「部分的無知」という言い方で，経営者の知識や合理的意思決定が限定されたものであることを説いた。サイモンによる限定された合理性の概念は，人間の意思決定プロセスにおける限界を説明した。サイモン（1945）は同時に，組織による意思決定が個人のそれを上回る判断を可能にしていることを説いていた（第11章）。

集団が創りあげてきた知識を集合知（collective knowledge）[7]と呼ぶ。日本語や英語といった自然言語は，その文化圏に暮らす人々によって形成されてきた集合知の一例である。クラスターと呼ばれる産業集積地域内で形成される知識や改善活動を通じて工場内で広められる知識も，集合知の一例である。集団が知識を創りあげる時代では，複数の人間が，一つの知識を創りあげる。そうした集団による知識の創造を上手にマネジメントする組織が強い組織であり，市場での競争力を獲得する。

---

7) 集合知（collective knowledge）については，洞口（2009, Horauchi 2014）を参照されたい。なお，直感的な認識や推測を重視した英語表現として collective intelligence や wisdom of crowd がある。

5. 知識を管理する国際経営

　日本が先進国として高い GDP（国内総生産）を生み出す国となっている秘密は，この集合知の創造機能にあるのかもしれない。そうであるとすれば，逆に，集合知を創り出す仕組みが崩れれば，日本企業の優位はなくなる。集合知を創り出すための努力を怠れば，日本は経済的にも，文化的にも貧しくなるであろう。集合知をマネジメントする方法についての体系的な接近が重要である。

　20世紀の多国籍企業は，本社のある国内で開発された製品や製造方法を海外に移転してきた。国内で行われてきた製造方法を技術移転によって海外に適用する必要があった。21世紀になると，研究開発活動は海外でも行われるようになっている。〔表6-1〕には，東洋経済新報社編『海外進出企業総覧』から主要な国々での研究開発拠点数をまとめた。アメリカ，中国，ドイツ，イギリスなどで日系多国籍企業の研究開発拠点が多いが，中国では上海，アメリカではカリフォルニアのように特定の地域に立地が集中していることがわかる。その数は，ドイツやイギリスの拠点数よりも多い。

　こうした傾向にはいくつかの理由が考えられる。

　第1は，受入地域における研究開発の基盤が整っていることである。すなわち，優れた大学・大学院と，それに関連する産業が存在する。アメリカ・カリフォルニアのシリコンバレーにおけるスタンフォード大学やカリフォルニア大学バークレー校は多くの起業家を輩出してきた。中国・上海における復旦大学（復旦は復旦の簡体字であり，日本語読みでフクタン，中国語読みではフーダン）や上海交通大学（しゃんはいじゃおとん）なども優秀な研究者と学生を有し，産学連携のための研究施設を整えている。

　第2の理由として，日本の同業他社の動向をベンチマークする

表6-1　日系多国籍企業の研究開発拠点数

〈ヨーロッパ〉

	2011	2017
ドイツ	14	20
イギリス	10	16
フランス	6	14
オランダ	2	3
ベルギー	2	5
イタリア	1	3
デンマーク	1	1
ハンガリー	1	1
フィンランド	1	3
ポーランド	1	1
スウェーデン	n.a.	1
スイス	n.a.	1
スペイン	n.a.	1
ロシア	n.a.	1
合計	39	71

〈アフリカ・オセアニア〉

	2011	2017
タンザニア	n.a.	1
南アフリカ	n.a.	1
オーストラリア	n.a.	1
合計	n.a.	3

〈中国〉

	2011	2017
上海市	27	34
北京市	12	14
江蘇省	9	19
広東省	7	14
天津市	3	4
山東省	3	2
遼寧省	3	3
湖南省	2	1
浙江省	1	4
湖北省	n.a.	1
黒龍江省	n.a.	1
重慶市	n.a.	1
香港	n.a.	7
合計	67	105

〈アメリカ〉

	2011	2017
カリフォルニア	41	49
ミシガン	11	12
マサチューセッツ	8	12
ニュージャージー	4	5
ニューヨーク	4	6
オハイオ	4	6
イリノイ	3	5
ワシントン	3	2
テキサス	2	5
アリゾナ	1	1
フロリダ	1	1
ケンタッキー	1	1
メリーランド	1	0
ペンシルバニア	1	1
サウスダコタ	1	0
デラウェア	n.a.	1
オレゴン	n.a.	1
ワシントンDC	n.a.	1
ジョージア	n.a.	1
合計	86	110

〈その他アジア〉

	2011	2017
韓国	2	9
台湾	6	7
インド	n.a.	8
ベトナム	3	2
タイ	7	12
シンガポール	5	8
マレーシア	3	2
インドネシア	1	1
合計	27	49

〈その他地域〉

	2011	2017
ブラジル	n.a.	4
カナダ	n.a.	5
合計	n.a.	9
総合計	219	347

(出所) 東洋経済新報社編 (2011)『海外進出企業総覧 (国別編)』2011年版データベース，東洋経済新報社 (2017)『海外進出企業総覧 (国別編)』2017年版データベースより筆者作成。

(benchmark, 参照基準にする) ことによって立地場所が類似する，という要因がある。日本企業の横並び体質は，製品開発だけでなく，研究開発拠点の立地選択にも影響を与えているものと思われる。

日系多国籍企業の研究開発拠点の数は，製造・販売拠点の数に比較して多くない。『海外進出企業総覧』には，2011 年版に 2 万 2764 社，2017 年版に 3 万 0012 社の在外子会社が掲載されているが，その業務内容が研究開発拠点であると記載されている企業は，それぞれ 231 社と 348 社であった。2011 年版では 1.01 パーセント，2017 年版でも 1.15 パーセントにすぎない。海外において研究開発をマネジメントするという課題が容易なものではないことが示唆されている。

経営管理の課題として重要なのは，集団が生み出す知識である。どのようにすれば集団として知識を創造できるのか。その方法のことを集合戦略と呼ぶ（洞口，2009）。集合戦略とは，集団として知識を創造するための方法のことである。集合戦略の採用によって生み出された知識を集合知と呼ぶ。

集合知の創造を上手にマネジメントする組織をいかに創りあげるか。この問題に対する解答として，洞口（2009）は，マネージャーだけではなく，コーディネーター，ネットワーカー，ゲートキーパーが集合知創造に果たす役割に言及している。集合知を生み出すためには，集団や組織を様々な側面からマネジメントする必要がある。結論をまとめておけば，以下のようなものである。

第 1 に，集合知のパターンは集合戦略にしたがって決まる。どのような集合戦略を選択するかによって，集合知のパターンが決定する。研究開発拠点をどの国に置くか。何人の研究者を配置するのか。誰がマネジメントの責任者となるのか。研究に主力を置くのか，それとも，製品の開発に主力を置くのか。こうした戦略的な決定が必要である。

第2に，どのような集合知を創造したいかに応じて，集合戦略の選択をする必要がある。新製品の開発や創薬といった分野だけでなく，マーケティング，ファイナンス，生産管理といった様々な側面で集合知の創造は可能である。経営者が構想するべきは，創造したい知識の方向性とそのための戦略である。

《学習課題》
1．あなたが勤務した会社では，どのような具体的な専門的知識を必要としていたでしょうか。従業員は，その専門知識を磨いてきたと言えるでしょうか。それは言葉では伝達できない暗黙知でしょうか，それとも，形式知として文章で伝えられるのでしょうか。勤務経験のない方は，就職してみたい会社やアルバイト先を念頭に置いて考えてみましょう。
2．海外旅行で立ち寄った美術館や博物館には，どのような知識が埋め込まれていたでしょうか。それは，多数の人々による集合的な行為の結果でしょうか。それとも，かかわった個人を特定できる個人的な行為の結果でしょうか。美術館や博物館の成立史を学びながら考察しましょう。

参考文献

本章は原田順子・洞口治夫『新訂　国際経営』（2013年，放送大学教育振興会）の第5章「多国籍企業と知識・技術・イノベーション」（洞口治夫）を基に，加筆修正したものである。

- アンゾフ，イゴー・H（1969）『企業戦略論』広田寿亮訳，産業能率大学出版部．
- 猪木武徳（1985）「経済と暗黙知—労働と技術にかんする一考察—」『季刊現代経済』通号61号，pp.119-126，4月号．（伊丹敬之・加護野忠男・伊藤元重編，『リーディングス日本の企業システム3　人的資源』第4章所収，有斐閣，1993年．）
- 猪木武徳（1987）『経済思想』岩波書店，1987年．
- 小池和男・猪木武徳（1987）『人材形成の国際比較—東南アジアと日本—』東洋経済新報社．
- サイモン，ハーバート・A（1945）『経営行動—経営組織における意思決定プロセスの研究—』松田武彦・高柳暁・二村敏子訳，ダイヤモンド社，1965年．
- ネルソン，リチャード・R，ウィンター，シドニー・G（1982）『経済変動の進化理論』後藤晃・角南篤・田中辰雄訳，慶應義塾大学出版会，2007年．
- 野中郁次郎（1990）『知識創造の経営—日本企業のエピステモロジー—』日本経済新聞社．
- 野中郁次郎・竹内弘高（1996）『知識創造企業』梅本勝博訳，日本経済新聞社．
- ペンローズ，エディス（1959）『企業成長の理論』日高千景訳，ダイヤモンド社，2010年．
- ポランニー，マイケル（1966）『暗黙知の次元—言語から非言語へ—』高橋勇夫訳，ちくま学芸文庫，2003年．
- 洞口治夫（2009）『集合知の経営—日本企業の知識管理戦略—』文眞堂．
- 洞口治夫（2018）『MBAのナレッジ・マネジメント—集合知創造の現場としての社会人大学院—』文眞堂．

7 | 技術移転のサブシステム

原田順子

《目標&ポイント》 技術移転は研究開発の基盤である優秀な大学や人材の有無と関連する傾向がある。本章では最初に産業立地の競争優位，多国籍企業内部の研究・開発者ネットワークと空間的距離等について理解を深める。次に，技術移転と不可分であるグローバル人材について学習する。
《キーワード》 ポーター，産業クラスター，ローカル・ミリュー，グローバル・タレント・マネジメント

1. 多国籍企業と産業立地

　第6章「多国籍企業の知識と技術」の第5節「知識を管理する国際経営」では，海外進出した日本企業が製品，製造方法，研究開発活動等の技術移転を実施していることを学習した。また，日系多国籍企業の研究開発拠点が特定の地域に集中していることが説明された。こうした傾向は研究開発の基盤である優秀な大学や人材の有無と関連することも指摘された。本節では産業立地の競争優位，多国籍企業内部の研究・開発者ネットワークと空間的距離等について理解を深めたい。

（1） 産業立地の競争優位

　グローバリゼーションの加速によって国内産業の保護が懸念される時代であるからこそ，国民国家よりも小さく市町村よりも大きな空間に産業が集積している産業クラスターの振興が注目される。産業クラスターとは，「ある特定の分野に属し，相互に関連した，企業と機関からなる地理的に近接した集団」（ポーター，1999，p.70）とされる。広く知ら

れるところでは，日本の自動車工業地域，アメリカのシリコンバレーのIT産業，イタリアのファッション産業は一定の地域に集積し，相乗効果を生み，高い競争力を保っている。ポーターの定義では，クラスターの範囲は隣接数か国にわたるネットワークも含む。

　産業クラスターの発生は，歴史的な由来など，偶然の積み重ねによって特定の産業が集まり始め，集積となって拡大していく場合がある（クルグマン，1994）。しかし，国の競争優位を保つという観点からは，自然発生に任せておくのではなく，行政が産業クラスターを振興することに意味があるとポーター（1992）は主張する。なぜならば，経済的に成功した産業クラスターを国内に（できれば複数）持つことが国の競争優位につながるからである。〔図7-1〕に表わされる企業戦略・競争環境，需要条件，関連産業・支援産業，要素（投入資源）条件が，ある立地内に備わり，かつ相互のネットワークが適正に働くとき，その産業クラスター内の企業の競争優位性は立地要因に助けられると考えられる。

　次頁の「ダイヤモンド（菱形）図」に書き込まれているように，産業クラスター内の企業は生産性とイノベーションの両面で恩恵を受けると説明される（ポーター，1999）。たとえば，ハイレベルな人的資源，大学などの科学技術インフラ，関連産業に容易にアクセスできることで，企業は要求水準の高い顧客に応えることが可能になる。このような先端技術やニーズを先取りするための情報，研究開発段階の産官学の研究開発支援のネットワークへのアクセス，クラスター内の競争（ピア・プレッシャーによる切磋）等において，産業クラスター内の企業は地域的に孤立した立地よりも優位であり，内部の相互作用が生産性とイノベーションの要素となると考えられる。

　たとえ企業活動がグローバル化しても，国内にイノベーションのハブとなる企業群があれば，ローカルバズ（local buzz）が生じやすく，イ

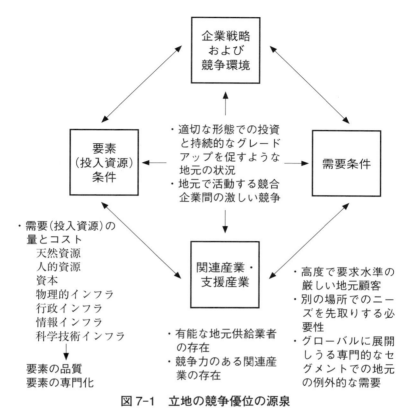

図7-1 立地の競争優位の源泉
(出所) ポーター, M. (1999)『競争戦略論Ⅱ』竹内弘高訳, ダイヤモンド社, p.83。

ノベーションの相乗効果を生む。これは，松原（2012）の解釈によると，暗黙知よりもくだけた概念で地域企業人のおしゃべりが，案外にイノベーションをもたらすというStorper and Venables（2004）に由来する概念である。そして，グローバルパイプライン（同質の受け手と結びついたネットワーク）を通じて海外に重要な情報を伝えることができる。

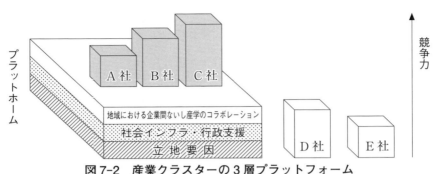

図7-2　産業クラスターの3層プラットフォーム

(出所) 二神恭一 (2008)『産業クラスターの経営学：メゾ・レベルの経営学への挑戦』中央経済社, p.114。

　ただし，すべての産業（あるいは企業）が経済的成功を収めるために一定の地域に集積するとは限らないという以下のような指摘もある（山本，2005）。すなわち，ドイツのハイデルベルク印刷機械株式会社は世界的に高い競争優位を有しているが，その取引先，知的連携先（大学），顧客，競合企業，労働力は，一定の地域に限定されていない。競争優位を持つ国を観察すると一定地域に産業集積が見られることが多いが，地域的な産業集積を形成しないで国際的に競争優位を保つこともある（山本，2005）。つまり，国の競争優位戦略において，産業クラスターの振興は必要十分条件ではなく，ツールの一つと捉えるべきであろう。しかし地域や国の発展を狙う行政としては，産業クラスターを有効なツールと捉えるし，企業も恩恵を受けるであろう。行政の後押しの効果を示したものが〔図7-2〕である。A，B，C社は産業クラスター内にいるがゆえの3層のメリットを受けることができる。ここで挙げられたメリットとは，第1に立地要因（輸送コスト，労働コスト，地価や環境対策コスト等），第2に社会インフラ・行政支援（道路・橋，港湾施設，用地造成，学校，産業支援施策，経営支援施策等），第3に地域ベースの産

学官，産学の連携機能である（二神，2008）。このように行政的支援があるA，B，C社は，D，E社と比較して競争上有利である。

（2） ローカル・ミリュー論

次に，イノベーションの観点から集積を重視するローカル・ミリュー論（Malmbergほか，1996）を紹介する。ミリュー（milieu）とは，地理的近接性と頻繁な対面接触によって言葉，思考方法，価値観が共有され，同質的な文化，文脈，経験を有する集団（企業，人等）の存在する地域を意味する（藤川，2005）。ミリュー内に立地する各企業は，その活動領域が近いことから，公式，非公式の情報交換がなされる（ネットワークが構築される）ことにより，イノベーションに必要なビジネスチャンスや技術情報の入手について，ミリュー外の企業よりも有利になる（藤川，2005）。

戸田（2005）はローカル・ミリュー論に興味深い解釈を加えている。すなわち，とりわけ暗黙的（tacit）に共有される情報は「地域」や「接触の量」と密接にかかわる傾向がある。ローカル・ミリューは情報の基盤として重要である。ただし，ローカル・ミリューのコンテクストを共有する受け手であれば，距離が遠くても，暗黙的に共有される情報を理解し吸収することが可能である。たとえば，多国籍企業内部の研究・開発者ネットワーク，旧知の研究者間のネットワークのように情報交換がスムーズに行われることができると考えられる（戸田，2005）。〔図7-3〕は，地域（Local），国内（National），海外（Global）の3つの空間スケールにおいて，ローカル・ミリューを共有する当該企業（例：親会社，子会社等）間は物理的距離があってもイノベーションの伝達・相互作用が行われやすいことをあらわしている。たとえば，2011年，東京大学が国際化のために秋入学を検討すると発表し，世間に衝撃を与えた。また，国内の文部科学施策においても，大学の国際化，研究者の卵

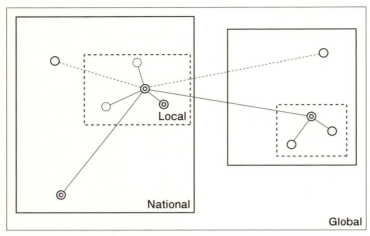

図7-3 相互作用プロセスとしてのイノベーションと3つの空間スケール
(出所) 戸田順一郎 (2005)「イノベーション・システムと地域構造」, 矢田俊文編著『地域構造論の軌跡と展望』第7章, ミネルヴァ書房, p.87。

である学生の国際化が課題とされている。その背景にはローカル・ミリューの共有を維持することが先端研究に求められているということがあろう。〔図7-3〕の二重丸 (◎) は海外 (Global) にも存在する。しかし，中心地域 (Local) と暗黙的に共有される情報を含めた相互的情報交換を維持するためには，中心地域 (Local) のローカル・ミリューを身につける必要がある。そうであるとすれば，最終的には日本国内で研究活動を続けるとしても海外経験がものをいうと推測されるのである。

(3) 産業タイプとネットワーク

ところで，〔図7-3〕では，イノベーションが海外 (Global) にも到達するケースがあるという。しかし，本章の第1節で紹介した新宅

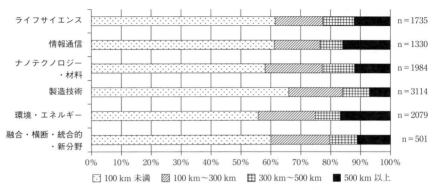

図 7-4 地域新生コンソーシアム研究開発事業における共同研究開発の概念図
(出所) 與倉豊 (2009)「産学公の研究開発ネットワークとイノベーション：地域新生コンソーシアム研究開発事業を事例として」,『地理学評論』82 (6)。

(2011), 藤本 (2011) の「ものづくり産業」に関する議論は地域 (Local), 国内 (National) の集積の重要性を強調している。果たして産業タイプによって地域固着性 (地域内ネットワークの重要度) に違いがあるのだろうか。この点に関する與倉 (2009) の研究成果は興味深い。この研究は 2001～2007 年の地域新生コンソーシアム研究開発事業の採択プロジェクトと産学公の研究実施主体を調べ, 分野別にネットワークの地理的形状を調べたものである。その結果, 金型や機械系の加工技術等の「ものづくり型」(製造技術分野) では, 100 キロ圏未満の共同開発が多い。この分野は漸進的に技術の「擦り合わせ」をした実践の積み重ねが重要であるか地理的近接性の意味が大きいと分析される。対照的に,「サイエンス型」(特に, 環境・エネルギー分野, 情報通信分野) では, 500 キロ以上離れた主体間のネットワークが目立った。これらの分野では高度な技術や専門知識の方が地理的近接性のメリットより重要なのである。その結果,「ものづくり型」は地理的な集中をみせ, サイエ

ンス型は集積間の知のパイプラインが発達している〔図7-4〕。

2. グローバル・タレント・マネジメント

　海外拠点のどこに優秀な人材がいて，どのような強みを持つのかを知り，そうした人材を発掘・開発することは，多国籍企業の人事部門の重要な任務である。本節では，このような施策（グローバル・タレント・マネジメント）について考える。

　日本貿易振興機構（JETRO）は2016年に日本企業の海外事業展開に関するアンケート調査を実施した。その結果，海外拠点があると回答した企業の約60％が販売拠点を，約50％が生産拠点を有しており，これら2機能が海外拠点の中心であることが明らかになった〔図7-5〕。それらに続き，地域統括拠点（15％），研究開発拠点（11％）との回答がみられた。

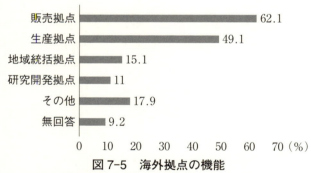

図 7-5　海外拠点の機能

（注）母数は，現在海外拠点がある企業。複数回答。N＝1,571。
（出所）日本貿易振興機構（2017）『2016年度日本企業の海外事業展開に関するアンケート調査』。
〈https://www.jetro.go.jp/ext_images/_Reports/01/5b57525465154f73/20160135.pdf〉2018年2月25日検索。

1990年代以降，新興国を中心に経済需要が拡大した。わが国は内需拡大の見通しが立たず，国内市場が収縮する傾向が見られた。海外需要の増大と国内需要の縮小によって，多くの企業が海外展開を進めた。さらに，取引先企業を追って海外へ進出する企業も少なくなかった。当初，多くの企業は海外進出にあたり，高付加価値の工場は国内に残し，労働集約的な部分を海外に出した。やがて，消費地の近くで生産して「輸送コストを下げる」，「消費者ニーズをいち早く汲み取る」等の理由から，高度な生産機能が海外に移転する流れが加速した。上記の調査時点において，研究開発機能とマザー工場は国内に留める企業が多数派であるが，研究開発機能や本社機能までも海外に出すという企業が現れてきている。新興国の労働需要が高まるなか，本国（日本）では少子高齢化による人材不足が見られる。日本の多国籍企業は日本からの海外派遣者（本国人材の海外派遣を意味し，日本人とは限らずに日本から派遣される人。）活用を重視しているが，人材不足が成長の制約とならないように，優秀な外国人社員の活用が必要になる。では本社および国内工場においては，どのような階層区分で外国人社員の登用が進んでいるのであろうか。〔図7-6〕は外国人社員の雇用状況（本社および国内工場）を示したものであるが，企業規模による差異が明確であることがわかる。中小企業の外国人社員は一般工職に多いが，その他の区分では相対的に少ない。海外への技術移転という観点から，大企業がより有利な人材をプールしていると考えられる。

　Farndale, et. al.（2010）はグローバル・タレント・マネジメントについて以下のように論じている。多国籍企業の人事部門は，国際的な人材獲得競争の激化のなか，国際間異動（特に新興国内異動）の承諾をとりつけ，有望な人材を管理する組織能力が求められている。すなわち，人事部門に必要な組織能力は，外部労働市場から人材を発見し，選抜・採

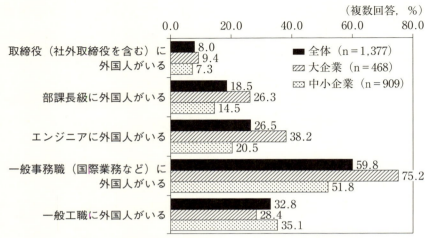

図 7-6　外国人社員の雇用状況（本社および国内工場）
（注）母数は本調査で「外国人を雇用している」と回答した企業。
（出所）日本貿易振興機構（2017）『2016年度日本企業の海外事業展開に関するアンケート調査』。
〈https://www.jetro.go.jp/ext_images/_Reports/01/5b57525465154f73/20160135.pdf〉2018年2月25日検索。

用し，育成し，必要な人材が途切れないように企業内に人事のパイプラインを創設し，優秀な者を退職させないことである。異国の法制度，労働政策，製品・サービス市場のもとで，以上のような施策を行うことはどこの国の企業にとっても容易ではない。McDonnell et. al. (2010) は米国を中心に多国籍企業の大規模な実証研究を行った。その結果，企業規模が大きいほどグローバル・タレント・マネジメントがしっかりと実施されており，組織体力がものをいうことが明らかにされている。

《学習課題》
1．本章で取り上げなかったタイプの産業（たとえば，感性系の文化産業）では，どのような集積がイノベーションの観点から効果的だろうか。
2．外国人社員が国際異動することを想定し，制度面でどのような整備が必要か考えてみよう。

《日本語引用文献》

　本章は原田順子・洞口治夫『新訂　国際経営』（2013年，放送大学教育振興会）の第11章「産業空洞化と産業集積」（原田順子）を基に，加筆修正したものである。

・クルーグマン，P．（1994）『脱「国境」の経済学・産業立地と貿易の新理論』北村行伸・高橋亘・妹尾美起訳，東洋経済新報社．
・與倉豊（2009）「産学公の研究開発ネットワークとイノベーション：地域新生コンソーシアム研究開発事業を事例として」，『地理学評論』82（6），pp.521-547.
・新宅純二郎（2011）「日本製造業の苦境と海外生産の展開」，藤本隆宏・中沢孝夫編著『グローバル化と日本のものづくり』第6章，放送大学教育振興会．
・戸田順一郎（2005）「イノベーション・システムと地域構造」，矢田俊文編著『地域構造論の軌跡と展望』第7章，ミネルヴァ書房．
・日本貿易振興機構（2017）『2016年度日本企業の海外事業展開に関するアンケート調査』．
　〈https://www.jetro.go.jp/ext_images/_Reports/01/5b57525465154f73/20160135.pdf〉2018年2月25日検索．
・藤川昇悟（2005）「地域集積のダイナミズムと集積の利益」，矢田俊文編著『地域構造論の軌跡と展望』第11章，ミネルヴァ書房．
・藤本隆宏（2011）「日本のものづくりの今後の展望と課題」，藤本隆宏・中沢孝夫編著『グローバル化と日本のものづくり』第15章，放送大学教育振興会．
・二神恭一（2008）『産業クラスターの経営学：メゾ・レベルの経営学への挑戦』中央経済社．

- ポーター，M.（1992）『国の競争優位』，土岐坤・小野寺武夫，中辻萬治，戸成富美子訳，ダイヤモンド社．
- ポーター，M.（1999）『競争戦略論Ⅱ』竹内弘高訳，ダイヤモンド社．
- 松原宏（2012）「情報・知識の地理的流動と地域イノベーション」，松原宏編著『産業立地と地域経済』第12章，放送大学教育振興会．
- 山本健児（2005）「地域構造論の課題」矢田俊文編著『地域構造論の軌跡と展望』第3章，ミネルヴァ書房．

《外国語引用文献》

- Farndale, E., Scullion, H. and Sparrow, P. (2010) 'The role of the corporate HR function in global talent management', *Journal of World Business*, 45 (2), pp. 161-168.
- Malmberg, A., Solvell, Ö. and Zander, I. (1996) 'Spatial clustering, local accumulation of knowledge and firm competitiveness', *Geographiska Annaler. Series B, Human Geography*, 78 (2), pp. 85-97.
- McDonnell, A., Lamare, R., Gunnigle, P., Lavelle, J. (2010) 'Developing tomorrow's leaders：Evidence of global talent management in multinational enterprises', *Journal of World Business*, 45 (2), pp. 150-160.
- Storper, M. and Venables, A. (2004) 'Buzz：Face-to-face contact and the urban economy', *Journal of Economic Geography*, 4 (4), pp. 351-370.

8 | 多国籍企業とM&A

洞口治夫

《目標＆ポイント》 合併・買収などによって外国企業の経営権を取得する国際的なM&A（merger and acquisition）は，よく新聞でも報道されている。M&Aを行うことのメリットは何か。M&Aを行う前に必要な活動は何か。M&Aでは企業の価格をどう算定するのか。M&Aを行った後に収益性が下がったときにはどのような処理が必要となるのか。こうした点について解説する。

《キーワード》 合併，買収，合弁事業，株主総会，コーポレート・ガバナンス，株式の公開買付け（TOB），マーケット・アプローチ，インカム・アプローチ，コスト・アプローチ，関連多角化，非関連多角化，シナジー効果，減価償却，デュー・ディリジェンス，のれん，減損損失，減損

1. M&Aとグリーン・フィールド・インベストメント

（1） 参入形態と株式

　第2章「多国籍企業の参入形態」で述べた点であるが，②対外直接投資と③ライセンシング契約，また，その中間的形態である④国際合弁事業（ジョイント・ベンチャー）の違いを理解するうえで重要なのは出資比率であった。②対外直接投資であれば，1つの企業が資本金を全額出資しているケースが典型である。③ライセンシング契約の場合であれば，資本金のために出資している必要はない。

　一つの参入方法は，様々な具体例を集約した表現であることから，より細かな分類をすることも可能である。たとえば，③ライセンシング契

約には，(1) 小売店の運営に関するフランチャイズ契約，(2) 不動産建物を所有する個人や企業がホテルや不動産建物の運営会社と契約する運営委託契約，(3) 映画や音楽などの著作権利用許諾契約，(4) 技術や製品に埋め込まれた特許権の実施許諾契約などが含まれる。こうした契約では，ライセンシングを与えるライセンサーと，それを受けるライセンシーが存在する。ライセンシーは，企業として独立した運営を行い，ライセンサーである企業とは株主資本の所有権も独立しているのが，典型的な形態である。もちろん，資本出資としての②対外直接投資と③ライセンシング契約が同時に行われるケースも存在する。

(2) 対外直接投資の開始方法

②対外直接投資の場合，その参入形態を開始するための方法に，大別して2つの方法がある。第1は，自社で海外現地法人を立ち上げるケースである。製造業企業の場合であれば，土地を取得して工場を建設する，というプロセスを経る場合である。これは，草の生えた野原に工場を建設するというイメージからグリーン・フィールド・インベストメント（green field investment）と呼称されることもある。小売業の場合であれば，小売店舗を更地に建設する場合が該当する。

②対外直接投資を開始する第2の方法は，すでに営業している外国の会社を取得し，その建物，設備，従業員を利用して営業を行うケースである。株式会社を取得するためには，その会社の株式を取得する必要がある。そのプロセスのことをM&A（merger and acquisition，合併・買収）と言う。

M&AのMはmergerの略であり，合併を意味している。Aはacquisitionの略であり，買収を意味している。Mergerは名詞であるが，その語幹となっているmergeは動詞であり，2つの金属片が溶けてつながる様子を意味している。ここでは金属片ではなく，2つの企業が融合

している状態を指している。名詞である acquisition のもとになった動詞は acquire であり，財産や権利を取得することを意味している。この場合には，1つの企業が別の企業の株式を取得して経営権を手に入れることを意味している。

　merger の合併(がっぺい)と acquisition の買収(ばいしゅう)には2つの企業が1つになる，という意味で共通点がある。しかし，両者には明確な差がある。合併の場合には，株券の発行主体が新たな企業名になる。そうした場合を新設合併と呼ぶ。合併が行われる場合に，一方の会社が解散し，他方の会社がその資産を収容したときには吸収合併という表現がなされる。たとえば，さくら銀行と住友銀行が 2000 年に合併したときには，両行の株券は新たな合併後の発行主体の名称へと変更になり，三井住友銀行となった。このときには，三井住友銀行という新たな企業体が合併によって生まれて，株券の発行主体の名称となった。同社の告知によれば，「法手続上，住友銀行は存続し，さくら銀行は解散する」と記載されている[1]。つまり，「法手続上」は二社の対等な合併の後に会社を新設する新設合併をしたのではなく，存続する住友銀行がさくら銀行を吸収合併し，その後会社名を変更したことを意味している。

　これに対して，買収の場合には，被買収企業の名称が消えて買収企業の社名のもとに一括される場合がある。2009 年にパナソニックが三洋電機株式会社を買収した後，2013 年にはサンヨーの略称で呼ばれた社名ブランドは，製品ブランド名 SANYO とともに利用中止とされた（大西，2014）。

　もちろん，買収の場合であっても，被買収企業の企業名やブランド名が残される場合もある。2016 年にシャープを買収した台湾企業・ホンハイ（鴻海精密工業）はシャープの社名とブランドは残しつつ，主要株主として経営権を保持している（喬，2016）。フランスの自動車メー

---

[1] 下記のホームページ参照。
http://www.smbc.co.jp/news/news_back/news_saku/topics/newsrls/pdf/000523.pdf
（2018 年 2 月 11 日確認）

カー・ルノーは1999年に日産自動車の株式36.8%を取得し，2016年には日産自動車が三菱自動車の株式34%を取得して筆頭株主となった。つまり，ルノーは日本企業の社名ブランドと製品ブランドを残した買収を行った。

　社名を残すか，残さないかは，企業の経営戦略による。M&Aという経営戦略の根幹には，どの会社が存続していくかという判断がある。買収をしたのち，被買収企業の社名を消すとすれば，吸収合併と買収には，社名から類推できる結果的な差がないことになる。M&Aと一括して呼ぶのは，そうした意味で合併と買収には，外部からの判別が難しいケースがあるからである。

（3）合併と合弁事業

　経営学を学び始めた人にとって注意が必要な点として，合併と合弁事業の違いがある。合弁事業については，すでに，本書第2章で述べた参入形態の④国際合弁事業の場合として説明したが，資本金を2社以上の会社で投資する状態を指している。合併と合弁事業の両者は，漢字の表記が似ているために混乱を招くことも多い。英語では合併がmergerであり，合弁はjoint ventureであるから英単語の意味を理解すれば，日本語でも理解が容易になるであろう。

　例外もありうるが，典型的なケースで合併と合弁事業の違いをまとめておけば以下のとおりである。まず，合併の場合には，2つの異なる企業の本社が1つになって新たな企業名の会社を設立することに合意するのであるから，2つの企業が1つになることを意味している。もちろん，メガバンクの合併のように，結果的に3つ以上の企業が合併して1つになる場合もある。端的に言えば，複数の企業が合併すれば企業数が減る。

　合弁事業の場合には，2つ以上の親会社があり，それが新たに一つの新規事業を開始する状態を指している。もしも，2つの親会社で合弁事

業の開始に合意したとすれば，新たに合弁(ごうべん)事業を行う1社が誕生し，結果として3社が運営されることになる。端的に言えば，合弁(ごうべん)事業の場合には企業数が増える。大手建設業では，JVと表記して建築に関わる期限付きの合弁(ごうべん)事業を運営する場合がある。この場合にも，3社以上の企業が合弁事業を行うことに合意して一つの事業に取り組むことがある。

合併(がっぺい)と合弁(ごうべん)とは字が似通っているために読み違いをする場合があるが，実は，その意味を十分に理解していないことから読み違いが生まれている場合があるので注意が必要である。

2. コーポレート・ガバナンスとM&A

（1） リスクの平等

株式会社の運営にあたっては，年に一度，株主総会の招集が義務づけられている。株主総会において，議決権を持つ株主の過半数の同意を得ることを普通決議という。つまり，株主総会では発行済み株式の過半数を所有している者が主たる意思決定権を持つ。株主総会においてM&Aを決定するためには，議決権を持つ株主の3分の2以上の賛成を得る特別決議を行う必要がある。会社の存続に関わる重要事項の場合には，3分の2以上の多数決が必要である。

株式会社という制度は，政治の世界における参政権とはまったく逆の思想に基づいて運営されている。政治における参政権の場合には，個人が豊かであるか貧しいかを問うことはなく，納税金額が多いか少ないかを問うこともない。日本では18歳以上の成人に参政権が与えられ，一人一票が与えられている。地方自治体の議会議員や国会議員を国民の代表者として選択する選挙のシステムは，そのような平等主義という思想に基づいている。

株式会社の経営陣が，1年間の経営成果を報告する株主総会では，株

主による議決によって議案が承認されたり，否決されたりする。その際，株主のひとりひとりに同じ権利が与えられていない。株主が株主総会の議決において有する権利は，株主が保有する株式の所有数に比例している。つまり，たった1人の株主であっても，50パーセントを超える比率で株式を保有していれば，その1人の大株主の意向によって株主総会の普通決議に要する過半数の得票を占めることができる。

株主が出資比率に応じて議決権を持つのは，出資比率が高いほど会社が倒産した場合に被る損失金額が大きくなり，自己の財産を失うリスクが大きくなるからである。つまり，出資比率によって示されるリスクの大きさに応じて，意思決定権が配分されていることになる。

ある企業が親会社となって100パーセント出資をした子会社で株主総会が行われる場合には，100パーセント出資をした親会社から派遣された株主代表者1名に対して，子会社側の経営陣数名が株主総会での議事を進行して議決を求めることになる。つまり，親会社は，子会社の最高議決機関である株主総会での意思決定権を握り，その子会社の経営がうまくいっていないと判断すれば，子会社の社長をはじめとする経営陣を入れ替える議案を株主総会に提出することができる。親会社と子会社の力関係は，株式の保有比率によって決まる。

ベンチャー企業の創業者である会長と，創業後に雇われた社長との経営方針が一致しないケースがあったとき，社長側が取締役会で多数派となって会長の更迭を決議したが，その決定の後に株主総会が招集され，過半数に近い株式を保有していた会長が，会長の経営方針に反対した社長を株主総会で解任した，といった事例もある[2]。

株式会社における株主総会は，取締役会よりも上位の意思決定機関である。株主総会や取締役会は，会社法で定められた法的な機関である。日本の会社法では，全ての株式会社が株主総会の開催を義務づけられて

---

[2] 2017年3月23日，朝日新聞デジタル，「クックパッド前社長が取締役退任，創業者と対立」を参照。

いるのに対し，取締役会については，それを設置する会社と設置しない会社についての規定がある。株主総会や取締役会などにおける企業内部での意思決定権限のあり方やそのための社内制度を指してコーポレート・ガバナンスと言う。世界各国の会社法には異なる規定があるため，企業のコーポレート・ガバナンスには国ごとの特徴がある。多国籍企業は，国ごとに異なる制度に対応して株主総会や取締役会を開催する必要に迫られることになる。

（2） 時間を買う M&A

　M&A の動機は，企業の成長にある。グリーンフィールドへの投資は企業の内部成長を目指すことであるが，M&A では企業の外部にある資源を利用して成長することになる。この点を指摘したのは，経営資源による企業成長を研究したペンローズである。M&A によって買収企業は，被買収企業の保持する経営資源を即時に手にいれることができる。その意味で M&A は「時間を買う」行為であると言われる。技術の開発，製造ラインの建設，製品開発，ブランド・イメージの定着，優れた従業員の採用と育成，手元資金の獲得といった企業経営の要素のそれぞれを手にいれるには，かなりの時間がかかる。M&A によって企業を買収することによって，優れた企業となるための時間を節約することができる。M&A が，時間を買う行為である，というのはそのような意味である。

　M&A は，新規事業開発の一つの形態である。本業を持ち，優れた経営成果を財務的に残した企業が，新たな事業を展開しようとするときには，いくつかの選択肢がある。国内のビジネスか，国外のビジネスか，という事業展開の地理的な選択のほかに，同一事業か，関連多角化か，あるいは，非関連多角化の案件か，という選択がある。ある企業が，本業と同じ事業をする場合には同一事業での新規事業開発となる。本業に

関連は深いが，異なる事業である場合を関連多角化という。本業とは全く異なるビジネスを行う場合を非関連多角化という。

2008年6月，日本の大手製薬会社である第一三共がインドの製薬会社ランバクシー・ラボラトリーズ（以下，ランバクシーと略記）を買収した（有森，2015）が，これは同じ製薬産業という意味で同一事業であり，ランバクシーがジェネリックと言われる特許の切れた同一成分の薬を製造することを得意としており，第一三共が新薬の開発を行うことを重視していたという意味では関連多角化となる。

パナソニック（旧社名・松下電器産業）が1990年11月にアメリカの映画会社ユニバーサル・ピクチャーズを傘下に持つMCAを買収した（有森，2015）ことは，電気機器の製造販売というパナソニックの本業からみれば非関連多角化に分類される。関連多角化と非関連多角化は，明確に分類できるものではなく，その両者の間に分類の困難なグレーゾーンがある。

非関連多角化が行われる理由として用いられる概念がシナジー（synergy）効果である。2つの製品を別々に販売するよりも，2つの製品を同時に販売したほうが販売量が増加する場合に，シナジー効果がある，という。味の素のようにアミノ酸からなる食品を製造している会社が化粧品原材料を製造販売したり，富士フィルムのように写真用フィルムを製造している会社が化粧品を製造販売したりする事例などがある。これらの事例は，ともに内部成長による新規国内事業の立ち上げであり，シナジー効果を求めた戦略であると理解される。新規事業においてシナジー効果が現れる理由としては，企業が保有する社名ブランドから認知される信頼感が，異なる新製品に波及することが挙げられる。

（3） 国際的買収と資金

買収企業が被買収企業の株式を買い集めるときには資金が必要であ

る。買収企業の手元にある資金は，景気の良いときのほうが潤沢になりやすい。他方で，景気の良いときには被買収企業の株価も高くなる傾向があるので，買収金額は高くなる。景気の悪いときには買収企業の収益性も低くなりがちであるが，そのとき同時に被買収企業の株価が低迷するならば，買収金額は低いもので済むことになる。国際経営におけるM&Aの買収金額については，こうした景気変動要因に加えて為替レートの影響を受ける。日本本社が，アメリカの会社を買収する場合には円高であるほうがドル資産の買収には有利である。ただし，日本本社が，アメリカの現地法人を長く運営しており，アメリカに現地統括本部を設立してアメリカで稼いだドル建ての利益を積み立てている場合がある。そのような場合には，アメリカでのM&Aをするときにはドルでの買収を行うことができるので，円高であるか，円安であるかは，関係がなくなる。地域統括本部は，北米，欧州，アジアといった地域的な単位で設立される場合がある。

3. 出資比率と予算

(1) TOB

M&Aを行う，ということは，被買収企業の自己資本を構成している株式を手に入れることである。株式を手に入れるとき，買収の場合であれば被買収企業の発行する株式を買収企業が購入するが，合併の場合には2社以上の会社が合併に同意する契約を結び，株式の発行主体が変更になる。また，買収企業と被買収企業との間で株式が交換される株式交換という手法もある。

国際的なM&Aによって被買収企業の発行する株式を取得して企業経営を行うことは，市場への参入形態としては対外直接投資に分類される。M&Aの案件を進めるうえで，多国籍企業の親会社が出資比率を何

パーセントにするのかは重要な経営戦略上の判断である。すでに述べたとおり50パーセント超の株式を保有していれば，株主総会での普通決議を可決することができる。株式市場に上場している企業の場合，20パーセント以上の株式を保有していれば，株主総会で議案が否決されることは少ないとも言われている。これは，少数の株式を保有している個人株主が議決権を行使せずに株主総会を欠席したり，経営者の準備した議案に無条件に賛成する株主が一定程度いることから可能になると言われている。50パーセント超の株式を保有している場合を「子会社」，20パーセント以上の株式保有のときに「関連会社」と呼ぶ場合もある。

　何パーセントの株式を保有するかは買収企業の意向による。つまり，経営戦略による（李，2013）。より多くの株式を保有することは，より多くの経営責任を負うことである。他方で，M&Aによって何パーセントの株式を保有できるかは被買収企業の意向にもよる。つまり，被買収企業が株式を公開しておらず，かつ，被買収企業の経営陣が買収されることを好まないとすれば，買収企業が株式を手にいれるのは困難になる。被買収企業が上場している場合には，買収企業は株式が上場されている証券市場で株式を買い集めることができる。

　日本の金融商品取引法は，発行済み株式総数の5％以上，あるいは，「著しく少数の者」から3分の1以上の株式を購入しようとする場合には「公開買付け」を行うことを義務づけている。つまり，5％以上の場合であっても，10名以下の「著しく少数の者」から3分の1未満の株式の買付けを行う場合には，「公開買付け」は義務づけられていない。株式の「公開買付け」は，TOB（takeover bid）とも呼ばれる。金融商品取引法第27条の2の6は，「公開買付け」を定義している。上記条文は，「『公開買付け』とは，不特定かつ多数の者に対し，公告により株券等の買付け等の申込み又は売付け等（中略）の申込みの勧誘を行い，取

引所金融商品市場外で株券等の買付け等を行うことをいう」と定義している。

さらに第27条の3では,「公開買付け」によって株券等の買付け等を行わなければならない者については,「政令で定めるところにより,当該公開買付けについて,その目的,買付け等の価格,買付け予定の株券等の数(中略),買付け等の期間その他の内閣府令で定める事項を公告しなければならない。」と定められている。つまり,公開買付けを行う場合には,その目的,買付け価格,買付け予定の株券数,買付け期間について公に告知する義務があることが定められている。

「公開買付け」に関する法令の存在は,株式を所有している株主を保護するための法律であると理解することができる。ある日,企業の大株主が変更になって,従来の経営方針が転換したとすれば,そのことによって少数の株式を保有する多数の株主が不利益を被る可能性があり,それを防止するための法律である,と理解できる。

(2) 買収金額の査定

被買収企業の取締役会ないし株主が,買収されることに反対しており,それでもなお買収が進められる場合を敵対的買収(hostile takeover)と呼ぶ。逆に,被買収企業の取締役会ないし株主が,買収に同意しているときには友好的な買収(friendly takeover)と呼ぶ。買収にあたって,一株あたりの買収金額をいくらに設定するかによって,敵対的であった株主が友好的になることも十分に考えられる。つまり,M&Aが敵対的な関係になるのは,買収企業が被買収企業の企業価値を低く算定しており,そのことが現在の経営陣の能力を低く評価していると推定させうることに起因する。自社の企業価値を高く評価している被買収企業の経営者からすれば,買収を希望する企業から提示された条件に不満足であるときに敵対的になる,と言える。なお,株式を公開していない

未上場企業の場合であっても，被買収企業の経営陣が，買収されたり，合併されることを望んでいるのであればM&Aは可能である。

　M&Aの最重要課題は買収金額の算定にある。一般的に言われているのは，①マーケット・アプローチ，②インカム・アプローチ，③コスト・アプローチと呼ばれる推定方法である（間所，2012）。たとえば，マンションのためのビル1棟を運営する会社を買収するとしたら，いくらの金額が提示されるべきだろうか。また，逆に，その会社のオーナー経営者の立場からすれば，いくらで会社を売却するのが妥当だろうか。

　購入時点の価格が8億円のマンションを無借金で所有して，賃貸に出し，収入を得ている個人企業が非上場であり，M&Aの被買収企業であるとしよう。この個人企業にM&Aをしかける買収企業側は，いくらの値段でこの会社を買収しようと考えるだろうか。

　①**マーケット・アプローチ**とは，市場を通じて同等の資産を購入するとすれば，いくらで購入することができるのか，を判断基準にすることである。このマンションと同じ広さで，駅からの距離，築年数や日当たりの良さといった条件を満たす他のマンションが3億円で販売されているとすれば，買収企業は3億円までの買収価格を提示するかもしれない。ただし，厳密に比較可能な物件は存在しないので，おおまかな相場を知って比較し，物件を評価することができるだけである。同様に，ある企業が独占的に利用していて他の企業が保持していない特許などの資産がある場合には，マーケット・アプローチによる市場価格を正確に知ることはできない。また，コンビニエンス・ストアやホテル運営のノウハウのように特許ではなくとも，独自の経営システムが採用されているために比較可能な市場での販売価格を知ることが難しい場合も多い。

　②**インカム・アプローチ**とは，投資を行ったのちにいくらの収入が手に入るかを基準として買収価格を決める考え方である。マンションから

賃貸収入を得て，様々な経費を支出し，1年間の活動ののちに手元に残った利益が300万円であったとしよう。もしも，そのマンションの運営会社を3億円で買収したとすれば，買収金額に対する利益の比率，つまり，利回りは1パーセントである。インカム・アプローチとは，300万円の利益を与えてくれる資産として捉えたときに，3億円の投資が妥当かどうかを基準にする，という考え方である。将来，継続的に入ってくる収入を現在時点の価値として評価するときには，割引率によって割り引かねばならないのだが，その点を考慮しないで割引率がゼロであるとしても，この物件を手にして得られる将来の収入は投資金額の3億円を上回るまでに100年かかることになる。300万円の利益を得るための投資として3億円は妥当だろうか，と考えるのがインカム・アプローチである。

　③**コスト・アプローチ**とは，その会社を設立するためにかかった費用を買収金額の基準とするものである。①マーケット・アプローチでは，同等のマンションを現在購入するとすれば3億円であるために，その金額を買収金額の基準とする，という考え方であった。③コスト・アプローチでは，購入した過去の時点で，いくらのマンションであったかが問題となる。購入時点で8億円であったとすれば，その金額を基準とする考え方である。

　もちろん，ここでは説明の便宜上，このマンションの築年数や減価償却といった問題は省いている。減価償却とは，建物や機械設備などの固定資産を利用して，それらの価値が年々下がっていくときに，将来の買い替えのために積み立てる資金を意味している。また，特許権，商標権，ソフトウェアなどの無形資産についても減価償却が行われる。英語では有形資産の減価償却を depreciation，無形資産の償却費を amortization という。減価償却による積立金は利益からマイナスされて，課税対象か

ら控除される。古いマンションであれば，マンションそのものの価値は下がるのだが，その運営会社は，将来のマンションの建て替えに備えて減価償却を行って資金を積み立てているはずである。つまり，コスト・アプローチをとって，被買収企業をいくらで買収するかという問題を考えるときに，その会社の資産であるマンションの価値が減価した分と将来の建て替えに備えた積立金の残高を考慮に入れる必要がある。

4. デュー・ディリジェンスと減損損失

(1) 事前調査

　M&Aを行う前に，被買収企業の経営状態について買収企業が内部の調査を行うことをデュー・ディリジェンス（due diligence）という。デュー（due）とは，「当然果たすべき義務」というほどの意味で，アメリカの大学生が due date と言っていたとしたら，それはレポートの提出期限のことを意味している。法律用語としての due process は，法に基づいた手続きを意味する。ディリジェンス（diligence）は名詞であり，形容詞はディリジェント（diligent）である。英語で He is diligent. といえば，「彼は勤勉です」と訳される。デュー・ディリジェンス（due diligence）の同義語としては due care があり，法律用語として，「当然行われるべき相当な注意」を意味している。つまり，M&Aに先立って被買収企業を買収企業の側がしかるべき注意を払って査定する，というほどの意味である。

　M&Aが住宅不動産売買にかかわるのであれば，欠陥住宅を購入しないよう事前に住宅内部の様子を見ることも重要なデュー・ディリジェンスのプロセスである。被買収企業が減価償却を適切に行って，将来の建て替え資金を蓄積しているかどうかを調べることも重要なデュー・ディリジェンスの調査項目である。企業を購入する際には，隠れた債務や未

払いの税金など，経営上の問題点がないかどうかを査定する必要がある。

　グリーンフィールドへの投資を行う場合には，既存企業のデュー・ディリジェンスを行う必要がないが，企業経営の実行可能性を調査する活動はある。それをフィージビリティ・スタディ（feasibility study）と呼ぶ（第4章参照）。フィージビリティ（feasibility）とは実行可能性を意味し，スタディ（study）は事前調査を意味している。企業化調査と呼ぶこともある（洞口，2002）。日本のビジネスパースンたちは，デュー・ディリジェンスをデューデリと略して呼ぶ場合がある。また，フィージビリティ・スタディは，feasibility study の頭文字をとってF／Sと呼ぶ場合がある。こうした略称は，貸借対照表（balance sheet）をB／Sと略したり，損益計算書（profit and loss statement）をP／Lと略すのと同様である。

　デュー・ディリジェンスでは，経営者の資質，財務データ，物的資産の価値，人的資源の質と雇用制度，特許・ノウハウ，製造過程の効率性，品質管理といった諸項目がチェックされる。どのようなポイントを重視するべきかについては，買収企業のノウハウに依存している。

　デュー・ディリジェンスによって買収価格が決定し，その評価金額が純資産の額よりも高い場合に，その評価金額のことを「のれん」（good will）という。たとえば，2億円の純資産に対して，3億円の買収金額が提示された場合には差額の1億円が「のれん」の価値であり，貸借対照表に表された金額以上の価値が認められたことになる。「のれん」とは，買収企業が被買収企業を金銭的にどう評価しているかを表すものである。

　M&A後の経営成果が低い場合，買収した企業の資産価値を再評価する必要がある。そうした再評価の結果，資産価値が低下したと認定され

た場合には，減損損失（impairment loss）の処理を行う必要がある。つまり，M&Aの後に定期的な資産の再評価を行い，その再評価時点からみて将来において見込まれる収入が低くなったと認定された場合には，M&Aによる被買収企業の資産価値の減額分を利益額からマイナスすることになる。減損損失の額は，日本基準では特別損失として処理され，国際会計基準ないし米国会計基準では営業費用に計上される。

　2017年11月20日付の日本経済新聞朝刊によれば，「資生堂手痛い『授業料』，米子会社また減損，計900億円超，M&A，問われる目利き力」との見出しで，資生堂が2010年に約1,700億円を投じて買収したアメリカ子会社ベアエッセンシャル社の減損損失額が2013年度との合計で900億円を超えたと報道している。同記事によれば，2017年11月1日に資生堂が発表した減損損失額は655億円であり，資生堂による2016年12月期のアメリカ事業での営業赤字は118億円であったと報じられている。

　上記の新聞記事で用いられている「減損（impairment）」とは，減損損失の処理を行うこと，あるいは，減損損失処理金額を略した表現である。英単語としてのimpairmentは，体や脳に損傷を与えられて，その部位が正しく機能しないことを意味しているが，impairment lossは純然たる会計用語として減損損失という意味で用いられることが多い。

　減損損失の処理について理解するために，マンション運営会社の保持する固定資産（建物としてのマンション）の価値が購入時点の8億円から3億円になってしまったような状態を考えよう。なぜ3億円の市場価値になってしまったかと言えば，マンションを1年間賃貸したのちに赤字となって利益金額がマイナスになってしまったような状態を想定することができる。資生堂が買収したアメリカ子会社ベアエッセンシャル社は，2016年に118億円の営業赤字を記録している。そのようなときに，

その赤字を生み出す資産の価値が低いものであると認定して再評価するのが減損損失の処理，つまり，減損である。資産の価値が下がったとすれば，貸借対照表に記載される資産の部の金額が低くなるが，そのとき日本の会計基準では，損益計算書に記載される特別損失のなかの減損損失という費目によって，資産価値の減価分を記録しておく必要がある。

　本書第2章では，資産の売却益としてキャピタル・ゲイン，資産の売却損としてキャピタル・ロスについて説明した。減損損失は，実際に外部の市場に資産を売却した結果として発生したキャピタル・ロスを記録したものではなく，社内で資産価値を再評価して，その価値の減額分を減損損失として認定し特別損失として処理する，という会計原則に基づいたものである。

　これは，敢えて単純化した喩えで言えば，個人が所有するマンションの市場価値が下がったときに，その低くなった値段でマンションを売却したとすれば，手元にいくらの現金と負債が残るかを計算するようなものである。売却しようとするマンションの価格が大きく下がった場合であっても，個人の所有するマンションの場合には，その事実を公表する必要はないが，株式を上場している企業は有価証券報告書にその事実を記録して公表する義務を負っている。減損を行う企業が記録する特別損失は，しいて言えば，そのような意味に対応する。

　上記の日本経済新聞記事によれば，資生堂の場合，2017年12月期の連結営業利益は650億円を見込むと報じられており，そうした営業利益の所持金があることによって減損損失を含む特別損失を会計上処理したことが読み取れる。

《学習課題》
1. 資生堂の有価証券報告書を金融庁のデータベース EDINET で探し，ベアエッセンシャル社がどのような記載で登場するか，確認してみよう。
2. 本章では，日本の大手製薬会社・第一三共がインドの製薬会社ランバクシーを買収した案件を紹介したが，その後，第一三共がランバクシー社の株式を実質的に売却して M&A を終結させる結果となった。なぜ，そうなったのか，インターネットに掲載された新聞記事などを参照して原因を探ってみよう。

参考文献

- 有森　隆（2015）『海外大型 M&A 大失敗の内幕』さくら舎．
- 大西康之（2014）『会社が消えた日―三洋電機 10 万人のそれから―』日経 BP 社．
- 喬　晋建（2016）『覇者・鴻海の経営と戦略』ミネルヴァ書房．
- 洞口治夫（2002）『グローバリズムと日本企業―組織としての多国籍企業―』第 2 章，東京大学出版会．
- 間所健司（2012）「M&A における買収価格の考え方―ひとつの方法に固執せず，多面的な評価が必要―」大和総研グループ，コンサルティング・レポート，http://www.dir.co.jp/souken/consulting/report/consulting_rpt/12051601consulting_rpt.pdf を 2018 年 2 月 19 日確認．
- 李　春利（2013）「新興国企業のクロスボーダー M&A による海外事業展開―中印自動車産業を中心に―」川井伸一編著『中国多国籍企業の海外経営―東アジアの製造業を中心に―』第 6 章，日本評論社．

9 | グローバル競争

洞口治夫

《目標&ポイント》 多国籍企業が世界各国で活動するときの組織運営パターンについて学ぶ。多国籍企業の本社は，投資受入国の子会社を厳重にコントロールするべきだろうか。あるいは，投資受入国のことは，投資受入国の子会社が個別に対応するべきだろうか。多国籍企業という巨大組織をマネジメントする基本的な哲学があることを学ぶ。

《キーワード》 インターナショナル，グローバル，マルティナショナル，トランスナショナル，エスノセントリズム，ポリセントリズム，リージョセントリズム，ジオセントリズム，EPRG フレームワーク，ボーン・グローバル，プロダクト・サイクル理論

1. インターナショナル・ビジネスとグローバル・ビジネス

ビジネス書や経済雑誌の記事を読むと，インターナショナル・ビジネスという表現やグローバル・ビジネスという表現が踊っている。インターナショナルとグローバルには，意味の違いがあるのだろうか。

インターナショナル（international）とは，名詞の「国（nation）」を形容詞にしたナショナル（national）の前に，「なになにの間」を意味するインター（inter）という接頭辞をつけた単語である。その意味は「国家間」あるいは「国際」となる。この「際」という漢字には，「あるものと別のものの間」という意味がある。たとえば，水際という単語には，陸地が海や川などの水と接する場所という意味があり，水際作戦

(あるいは，みぎわさくせん，とも読む）と言えば，海や川から上陸してくる敵を陸地に構えて戦う作戦のことを意味する。さらに，その比喩として，疫病や麻薬，害虫などが国内に入るのを防ぐ手立てを意味している。

インターナショナル・ビジネスを日本語に訳せば，国際経営となり，本書のタイトルと同じである。つまり，ある国で活動していた企業の経営が別の外国において国際化したという現象を扱うのが国際経営の意味である。

グローバル（global）とは，名詞の「地球（globe)」から成る形容詞であり，全地球規模という意味である。中国語ではグローバル化を「全球化」と表記して，全地球規模という語感を伝えている。漢字の国としての優れた表現であるが，日本語にはグローバル化に該当する漢字表現はなく，カタカナで表記される。本書，第3章で見たように，インターナショナル・ビジネスという表現は，1950年代から60年代にかけて欧米の多国籍企業が出現してから用いられてきた表現である。グローバル・ビジネスという表現はそれに比較すると新しく，1990年代頃から頻繁に用いられるようになった。その背景には，1989年に東西ベルリンの壁が崩壊し，1991年にはソビエト社会主義共和国連邦が解体したことによって，東西冷戦の時代が終わったことがある。資本主義と社会主義という対立の時代から，地球を単位としたグローバリズムの時代を認識する研究も現れた（洞口，2002参照）。

一般的な用語として用いられるグローバル・ビジネスとは，ビジネスを行うにあたって複数の国々の存在が前提とされているビジネスのことを指している。日本航空（JAL）や全日本空輸（ANA）といった国際線の航空旅客輸送，日本郵船や商船三井といった国際的な船舶貨物輸送や旅客輸送（クルーズ客船）などが，その代表例である。また，特定の

国に偏在している地下資源を発掘して輸出したり，天然資源を輸出する場合にも世界の国々における貿易相手を必要とすることになり，グローバルな視野が必要となる。グローバルな視野とは，産出した国を問わない，ということである。たとえば，原油を採掘できる国は限られているが，原油を精製してガソリンとして販売するときに，どこの国で採掘された原油から精製されたガソリンであるのか，を気にする人はいない。

2. マルティナショナルとトランスナショナル

一般的な用語としては，インターナショナルとグローバルにさしたる違いは無いが，国際経営を論ずる研究者たちは，その違いを重視してきた。バートレット＝ゴシャール（Bartlett and Ghoshal, 1989）は，インターナショナルとグローバルという二分法に加えて，マルティナショナル，トランスナショナルという国際経営の分類を提案している。この分類は，その後30年以上にわたって国際経営の教科書に採用され続けてきた。この考え方では縦軸にグローバル志向性，横軸に現地適応度という軸を設定し，それぞれの程度の高低を比較したときに，〔表9-1〕のようにビジネスが分類される，というものである。

表9-1　グローバル志向と現地適応度

		現地適応度	
		低い	高い
グローバル志向性	高い	グローバル	トランスナショナル
	低い	インターナショナル	マルティナショナル（マルチ・ドメスティック）

（出所）バートレット＝ゴシャール（1989）およびDaniels, et. al.（2019），p.369より筆者作成。

バートレット＝ゴシャール（1989）の分類に従うと，インターナショナル組織とは，初期の国際化を意味している。つまり，多国籍企業の国際化度合いとしては，他の分類に比較してグローバル志向性も現地適応度も低い。インターナショナル組織とは，自国で操業経験があり，自国以外の外国1か国で国際的なオペレーションを開始した事例を含む。たとえば，日本の個人企業が近隣の韓国から衣類を輸入して日本国内で販売するという事例もインターナショナルな事業運営に分類される。

　複数の国々で事業を展開しつつ，それぞれの国で市場や文化に適応して現地化しているケースがあり，それらをマルティナショナル組織という。バートレット＝ゴシャール（1989）は，ヨーロッパを代表する家電メーカー・フィリップスとヨーロッパにおけるトイレタリー製品（洗濯洗剤）メーカーのユニリーバをマルティナショナル組織の例として挙げている（訳書29-32ページ）。その理由は，フィリップスがオランダ，カナダ，アメリカ，フランス，イギリスに研究開発拠点を持ち，独自の製品開発に貢献してきたこと（訳書168-169ページ），ユニリーバについては，西ドイツ，フランス，イタリア，スペイン，オーストラリアでテディベアのシンボルマークを利用した異なるブランド名の柔軟仕上げ剤製品を導入したことを挙げている（訳書159ページ）。

　バートレット＝ゴシャール（1989）の分類におけるグローバル組織とは，本国の親会社が中央集権的な意思決定を行って，それを世界共通に展開していく事業運営方式を指している。その事例としては，ヘンリー・フォードが率いた時代のフォード自動車，ジョン・D・ロックフェラーが事業を拡張した時代のスタンダード・オイル社を挙げている（訳書，70ページ）。インターナショナル組織と呼ばれる場合には，国内市場で成立してきたビジネスが国際化していくプロセスが重視されるのに対し，グローバル組織では，ビジネスの成立そのものが国際的な規

模での市場の大きさを前提している度合いが高いことに特徴がある。

バートレット＝ゴシャール（1989）は，トランスナショナル組織を理念形として提起した。彼らは，家電メーカーとしては，日本の松下電器産業（現在のパナソニック），ヨーロッパのフィリップス，アメリカのゼネラル・エレクトリック（GE）の3社を比較し，トイレタリー製品の分野では，日本の花王，ヨーロッパのユニリーバ，アメリカのP&Gを比較している。こうした企業は，グローバル組織やマルティナショナル組織の事例として取り上げられており，トランスナショナル組織の事例となっている企業はない。トランスナショナル組織の場合には，グローバル志向性と現地適応度の双方が高い状態であると考えられ，その場合には，多国籍企業が進出先の現地ニーズに応えながら，地球規模での事業展開を行っているケースとなる。バートレットとゴシャール（1989）は，1980年代に日本・ヨーロッパ・アメリカの多国籍企業を観察して，その経営の特徴を素描したが，トランスナショナルな組織が存在したと主張していたわけではない。

3. パールミュッターの進化論

バートレット＝ゴシャール（1989）がマルティナショナルと呼んだ組織運営の特徴は，その後，マルチ・ドメスティック（multi-domestic）とも，グローカル（glocal）とも呼ばれている。経営学者たちが，それぞれの呼称を編み出して現地適応の問題を再論してきたと言える。そうした視点から見ると，バートレット＝ゴシャール（1989）の4分類に先立つ20年前にパールミュッター（Perlmutter, 1969）による重要な研究が提出されており，前者の著書においても参考文献として引用されている。

パールミュッター（1969）の提示した論点は，多国籍企業の経営を3

つに大別できる，とするものであった。エスノセントリズム (ethnocentrism)，ポリセントリズム (polycentrism)，ジオセントリズム (geocentrism) の3類型である。彼は，その3類型に関するコスト，リスク，利得の3点をまとめている。

エスノセントリズム (ethnocentrism) とは，「民族的な」，という意味の ethnic と「中道主義」という意味の centrism とを足し合わせた単語であり，民族中心主義と訳される。この概念は，パールミュッターによって国際経営に応用される前は民族学の用語であった。つまり，軍事力を背景に植民地経営を行う本国の行政官たちが，自国の宗教・習慣を植民地の人々に押しつける度合いを指す用語としてエスノセントリズムが用いられた。たとえば，植民地において宗主国が自国言語の利用を植民地の人々に押しつけたときに，エスノセントリズムと呼ばれたのである。

パールミュッター (1969) によれば，国際経営におけるエスノセントリズムとは本国の本社を中心にした管理体制を指している。そのコストとは，現地からのフィードバックがないために計画立案が非効率的になること，現地子会社で最も期待されている現地従業員が転職してしまうこと，現地子会社においてほとんどイノベーションがないこと，現地子会社の位置づけが高くならないこと，が挙げられている。エスノセントリズムのリスクは，現地国における政治的・社会的な反動であり，現地市場の変化に対する本社の硬直的な反応である。エスノセントリックな組織が手にするメリットとは，組織が単純化されているために本社から新たな外国市場へのノウハウの移転のためのコミュニケーションが円滑に行われること，現地子会社の管理職を採用する際に本社からのコントロールが行われることである。

ポリセントリズム (polycentrism) とは，複数国を意味する poly と

「中道主義」という意味の centrism とを足し合わせた単語である。政治学の用語としては多極主義と訳される。政治学の場合には，スターリンの死後，1956 年にイタリア共産党のトリアッティが提唱した国際共産主義運動の概念を意味している。つまり，国際共産主義運動の中心国をソビエト社会主義共和国連邦という一国に限定せず，世界各国における共産党の自主路線を尊重するべきだとする考え方を指している。国際経営の分野では，複数国中心主義と訳されることもあり，現地適応を目指した経営を意味している。マルティナショナル組織ないしマルチ・ドメスティックな多国籍企業に近い意味である。

　パールミュッター（1969）によれば，ポリセントリズムには重複のコストがある。複数の国で現地向けの商品開発が行われるが，その商品は，本来，世界全体に通用するものかもしれない。つまり，多国籍企業の本社が保持している国際化の経験を十分に利用できていないことになる。投資受入国の伝統や現地の市場成長を過剰に意識して，グローバルな成長の機会を見逃すかもしれない，というリスクもある。メリットとしては，現地市場に詳しい経営者層を利用した現地市場への集中的な投資ができること，現地向け新製品の開発が促進されること，現地政府の投資支援策を得られること，高い意識を持った現地マネージャーの活用ができること，などがある。

　ジオセントリズム（geocentrism）とは，もともと天文学の用語であり，地球を中心として宇宙が動くと理解する「天動説」を意味する。天文学における「地動説」は，太陽を中心として地球が動くという理論であり，英語では heliocentric theory（太陽中心説）ないし Copernican theory（直訳すれば，コペルニクス的理論）である。「地球の」という意味の接頭辞が geo であり，「中道主義」が centrism であることから，国際経営の領域では地球中心主義と訳されることもある。パールミュッ

ター (1969) が民族学, 国際政治, 天文学から用語を借用して, エスノセントリズム, ポリセントリズム, ジオセントリズムという概念をつくり, 国際経営の課題に応用したことは, 幅広い教養を背景としている点で興味深い。

　パールミュッター (1969) によれば, ジオセントリズムのコストと言えるのは, コミュニケーションのためのコストと出張のコストである。世界各国の従業員に対する様々な職位や経験での教育コスト, 多数の人々によるコンセンサスを得るための意思決定に費やされる時間, 国際的になった本社社内の官僚的態度もコストとなる。リスクとしては, 権力があまりにも広く分散すること, 国際的に広がった人的資源の問題, 執行役員の転職や再就職が国際化することである。メリットといえるのは, 会社全体がパワフルになること, 製品・サービスの品質が上がること, 世界全体での資源の有効活用, 現地での企業経営の改善, 世界全体での課題に対する確固たる決意, より高い利益である。

　パールミュッター (1969) によるエスノセントリズムは, バートレット＝ゴシャール (1989) のいうインターナショナルとグローバルに対応する。ポリセントリズムはマルティナショナルに対応し, ジオセントリズムはトランスナショナルに対応している。パールミュッター (1969) とバートレット＝ゴシャール (1989) は, それぞれジオセントリズムとトランスナショナルという理念形を提示したが, 現実にそうした経営を行っている企業が存在しているという事例を示したわけではない。

　パールミュッターは, 1973年に, ウィンド＝ダグラス＝パールミュッター (Wind, Douglas and Perlmutter, 1973) 論文において**リージョセントリズム** (regiocentrism) という概念を追加した。これは, 地域中心主義とも訳されるが, 多国籍企業がジオセントリズム (geocentrism) に到達する前の段階において, 特定の近接した国々からなる地域

（region）において，相互交流を深化させることを意味している。彼らは，4つの組織運営のあり方について，その頭文字をとって EPRG フレームワーク（「枠組み」ないし「参照基準」）と呼んでいる。

EPRG フレームワークを多国籍企業の本社が存在する「自国」から子会社の存在する「外国」への影響力と権限の分散として図解したのが，〔図9-1〕である。エスノセントリズムでは自国を中心として外国に影響力が及び，子会社の経営者も自国から派遣される形態をとる。ポリセントリズムでは「外国」において独自性の高い経営が行われ，子会社の経営者もそれぞれの国の出身者によって占められる。それぞれの子会社

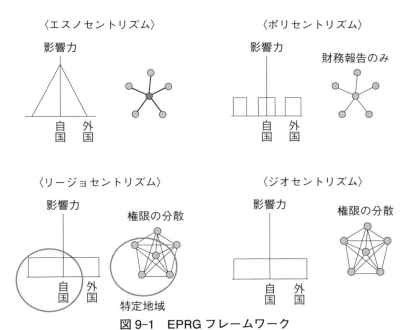

図9-1　EPRG フレームワーク

（出所）Wind, Douglas, and Perlmutter, 1973, および洞口・行本（2012）第4章より作成。

からもたらされる利益は財務報告によって本国本社において連結される。ジオセントリズムでは，世界各国からの影響力が相互に作用する。つまり，「自国」における本社の取締役たちも，世界の様々な国々の出身者から構成される。「外国」にある子会社の最高経営責任者も，別の「外国」から派遣された人がその地位につく。リージョセントリズムでは，ジオセントリズムのような地球規模での相互作用になる前に，ヨーロッパ，北米，アジアといった特定の地域内において相互作用が高まる状態を指している。

4. 進化方向の実証的根拠

　ジオセントリズムやトランスナショナルは，理念形であって現実に存在するのかどうかは定かではない。しかし，理念形が提起されるということは，パールミュッター（1969）やバートレット＝ゴシャール（1989）らが，近未来において，そうした経営組織を構築する多国籍企業が現れることを期待していたとみることができる。多国籍企業の経営者たちは，ジオセントリズムやトランスナショナル組織を目指して運営するべきである，という考え方が彼らの議論には含意されていた。

　そうした考え方を批判したのがラグマン（Rugman, 2000）であり，その著書のタイトルを訳せば『グローバリゼーションの終焉』である。ラグマン（2000）は，世界6か国以上で活動している多国籍企業500社のうち売上高の高い企業365社を対象として，それらの企業が北米，ヨーロッパ，アジアにおいて，どのような販売比率を占めているかを確認した。すると，わずかに9社だけが3つの地域に対してバランスよく20パーセントから50パーセントの範囲内で販売を行っていることが確認できた。残る356社のうち320社では本社の立地する本国が属する地域で50パーセントを超える売り上げが記録されていた。その他36社は，

2つの地域で販売を行っていた。

　ラグマン（2000）の研究は，ジオセントリズムやトランスナショナルという理念形が現実化することに高いハードルがあることを示している。つまり，多国籍企業の経営者たちは，ジオセントリズムやトランスナショナルな組織形態を目指して運営するべきではなく，むしろ，本国の属する地域と，もう一つの戦略的な販売促進地域を重視するべきである，という主張につながる。本書第4章および第8章でも指摘した点であるが，投資受入国についての知識が乏しいときに，十分なデューディリジェンスを経ずにM&Aを行うことや，十分な情報を得ないままF／Sを行って直接投資を進めることにはリスクが伴う。多国籍企業が国際経営を行ううえで，むやみに地球規模でのグローバリゼーションを進めることには危険性が伴うことをラグマン（2000）の研究は示唆している。

　なお，国際経営の領域においても，イギリスのEU離脱やアメリカ・トランプ大統領の移民制限政策などの政治的な動きに注目が集まっている。こうした政治動向を指して脱グローバリゼーション（deglobalizaion）と呼ぶが，国際経営の観点から注目が集まるのは，政治的な動きが，やがて企業の国際経営にも影響を与えるからである。

5. ボーン・グローバルの発生要因

　巨大な多国籍企業が地球レベルでの事業活動を行い，ジオセントリズムやトランスナショナルな企業組織の運営を行うという見解にラグマン（2000）は大企業のデータをもって疑問を提起した。こうした分類が中小企業にはどう当てはまるのか，という疑問もある。第3章で紹介したハイマーの研究以来，大企業が成長の過程で国際的な市場に進出するという前提で国際経営の組織運営が議論されることが多かった。その前提が覆されるような事実に注目が集まったのである。

1990年代の半ばから，ボーン・グローバルと呼ばれる企業の形態に注目が集まった。これは，起業された時点から，複数の国々での活動を前提としたビジネス・モデルを構築しているベンチャー企業を指している。極端な場合には，創業者が2名であり，それぞれが異なる国に住んでビジネスを行う場合を指している。そのような企業は，EPRGのどの領域に分類されるのだろうか。すなわち，ボーン・グローバルは，インターナショナル，マルチナショナル，グローバル，トランスナショナルのどの領域に分類されるのだろうか。

　ボーン・グローバルなビジネスの例としては，インドで写真を撮り，その電子データをイギリスで販売する，といったビジネスや，日本とオーストラリアで航空路線のアライアンスためのコンピューター・システム開発用プロジェクト・マネジメントを行う，といった事例が報告されている。

　ボーン・グローバルに注目が集まる以前は，プロダクト・サイクル理論によって多国籍企業の活動が説明される場合も多かった。プロダクト・サイクル理論とは，新製品の導入がアメリカで行われ，その市場が飽和してくるとヨーロッパに販売市場が拡張され，さらには，開発途上国に製品販売市場が移転していく，というモデルであり，バーノン(1966)によって提起された。プロダクト・サイクル理論では，対外直接投資が輸出開始の後に行われるという主張がなされたのである。こうした貿易の発展段階を強調する見解は，開発途上国のキャッチアップ・プロセスを説明する原理として，いまだに重要である，とする論者もいる。他方で，多国籍企業による世界同時販売や「垂直立ち上げ」と呼ばれる世界市場向け販売戦略が採用されてきたことによる，プロダクト・サイクルの短縮化ないし同期化が観察されている。

　ボーン・グローバルと呼ばれる起業形態が生まれた要因として2点指

摘することができる。第1は，1990年代半ばからインターネットの普及が本格化し，国際的な情報の取り引きが迅速に行われるようになったことである。2つの国で同時に会社を立ち上げて，その2か国での協力関係を基盤としてビジネス・モデルを構築する，といった活動が容易になったのである。たとえば，インドで撮影した写真をイギリスに転送するにはインターネットの利用によって迅速に行うことができる。国際線でのアライアンス構築のためのコンピューター・システム設計のプロジェクト・マネジメントも，コード・シェア便を設定して，複数の国における予約と発券の情報システムを構築する必要性があることから要請されたビジネスである。

第2は，インターネット普及の時期が，ブラジル，ロシア，インド，中国，南アフリカ共和国といった人口の多い大国，いわゆるBRICsと呼ばれる新興国の経済発展と同時期に重なったことである。ロシア，インド，中国は，国家レベルでの計画経済を経験した国々であったが，経済の自由化によって起業を促進する国となった。国家レベルで運営されてきた国営企業だけではなく，個人が創業して国際化を求める志向が強まったと言える。

6. 事例としての国際旅客輸送

国際旅客輸送は，第一次世界大戦前後は船舶輸送によって，第二次世界大戦後は航空輸送を中心として発展した。船舶輸送ビジネスと初期の航空輸送ビジネスは，グローバルと表現するよりは，インターナショナルと表現されるほうが適切であった。その理由は，カボタージュ（Cabotage）と呼ばれる規制の存在である。たとえば，ドイツのフランクフルト国際空港から日本の東京羽田国際空港まではルフトハンザドイツ航空で旅行することはできるが，日本の羽田空港から千歳空港までは，日本

国内で運営する会社の路線を使わざるを得ない。そのような規制を指してカボタージュという。したがって，航空輸送の国際線は，ある国の国際空港から外国の国際空港までのルートを開設することはできるが，国際空港から到着国の国内にある別の空港までは，その国内にある航空会社を利用せざるを得なかった。

　航空輸送がグローバル化したのは，インターネットを利用した企業間の戦略的提携が進んだことによって，カボタージュによる規制に守られた国家間での輸送システムに変化が見られたからである。本書第2章でも紹介したとおり，1990年代以降になると航空会社が連携して戦略的提携を結ぶようになり，国際線から国内線への相互乗り入れが容易に行えるようになった。ルフトハンザドイツ航空や全日本空輸（ANA）などが参画するスターアライアンスがその代表例であり，コード・シェア便を利用すれば，フランクフルトから羽田を経て千歳空港に至る経路を同じコンピューター上のシステムで管理して，搭乗券の予約・発券が行われるようになった。

　以上のように，国際旅客輸送のマネジメント事例を見てくると，同じ産業であっても，インターナショナルからグローバルへとビジネス・モデルが変容してきたことがわかる。経営学者たちは，そうした変化のあり方について，適者生存を原理とする生物学の進化論になぞらえて，経営の進化と呼ぶ。パールミュッター（1969）の論文タイトルは，The tortuous evolution of the multinational corporation であるが，そのなかの tortuous とは「曲がりくねった」という意味の形容詞である。つまり，論文タイトルを敢えて翻訳すれば，「多国籍企業の複雑で迂遠な進化」となる。

第9章　グローバル競争　　145

《学習課題》

1．デビアス（De Beers）はダイヤモンドのブランドとして著名である。デビアス・グループは南アフリカ共和国ヨハネスブルクに本社を置き，ダイヤモンドの採掘，加工，流通を行う企業であるが，デビアス・ダイヤモンドという呼称を知っている人であっても，デビアス社の本社所在地には関心がないかもしれない。そのことは，デビアス社にとってはメリットが大きいのであろうか，あるいは，デメリットがあるのだろうか。考えてみよう。

2．地下鉄の工事や運営は，多くの場合には国内的なものであって国際的なものにはなりにくいが，日本の地下鉄システムがインド・ニューデリーの地下鉄工事に導入された，というケースもある。地下鉄工事の受注，地下鉄工事，電車の選択，電力システムの構築といった様々な能力を備えた企業を取りまとめてインド政府に対して入札書類を作成し，ビジネスとして成立させたのは日本の総合商社の役割である。インドの地下鉄開発の事例を，国際線の旅客輸送と比較してみたとき，どのような特徴があると言えるか，考えてみよう。

参考文献

- Bartlett, A. C. and Ghoshal, S. (1988) *Managing Across Borders : The Transnational Solution*, Boston, Massachusetts: Harvard Business School Press.（バートレット，A. C.，ゴシャール，S.『地球市場時代の企業戦略』吉原英樹監訳，日本経済新聞社，1990年）．
- Daniels, J. D., Radebaugh, L. H., and Sullivan, D. P. (2019) *International Business: Environments & Operations*, 16th edition, Harlow, England: Pearson.
- Perlmutter, H. V. (1969) "The tortuous evolution of the multinational corporation," *Columbia Journal of World Business*, Vol. 4, 1969, pp. 9-18.
- Rugman, A. M. (2000) *The End of Globalizaion*, London：Random House Business Books.
- Wind, Y., Douglas, S. P. and Perlmutter, H. V. (1973) "Guidelines for developing international marketing strategies," *Journal of Marketing*, Vol. 37, No. 2, 1973, pp. 14-23.
- 洞口治夫（2002）『グローバリズムと日本企業―組織としての多国籍企業―』東京大学出版会．
- 洞口治夫・行本勢基（2012）『入門経営学―初めて学ぶ人のために―』第2版，同友館．

10 | 国際技術移転と新興国企業

吉岡英美

《目標＆ポイント》 新興工業国が急速な経済成長を成し遂げ，とりわけ2008年の世界金融危機後の世界経済において，その存在感を増してきた。こうした状況のなかで，様々な製品分野の世界市場において，東アジア企業の台頭が顕著になっている。なかには世界シェアで日米欧企業を凌駕する東アジア企業さえ現れるようになった。本章では，近年成長が著しいIT関連機器分野における東アジア企業の事例を取り上げ，その急成長を後押しした要因・背景について理解する。

《キーワード》 キャッチアップ型工業化，後発性の利益と不利益，技術ギャップ，機会の窓，問題解決能力

1. キャッチアップ型工業化と東アジア企業の成長

（1） 後発性の利益

1990年代以降，鉄鋼・自動車・造船といった重化学工業から先端技術が必要なIT（情報技術）産業に至るまで，それまで日米欧企業が優位を占めていた製品分野で，韓国・台湾・中国をはじめとする東アジア企業が短期間で急成長する現象が見られるようになった。

IT産業に注目してみると，〔表10-1〕に示されるように，1990～2000年代以降，韓国・台湾・中国企業が世界市場を席巻するようになっている。この代表的な事例である韓国のサムスン電子は，1980年代初めに半導体メモリのDRAM（Dynamic Random Access Memory，記憶保持動作が必要な随時書き込み読み出しメモリ）市場に参入して以

表 10-1　IT 関連製品分野における東アジア企業の世界シェア

	1990 年	1995 年	2000 年	2005 年	2010 年	2015 年
ノート型 PC（台湾）	11%	27%	53%	83%	93%	84%
マザーボード（台湾）	66%	65%	70%	98%	77%	82%
一般携帯電話（韓国）	―	―	5%	19%	25%	
スマートフォン（韓国・中国）	―	―	―	―	11%	72%
半導体メモリ（韓国）	8%	26%	27%	43%	50%	58%
大型 LCD（韓国・台湾・中国）	0%	0%	48%	88%	88%	93%

（出所）ノート型 PC とマザーボードのデータは，『資訊工業年鑑』（台湾語）資訊工業策信會，各年版，「台湾ノートブック型パソコンが世界一に」『交流』第 613 号，2000 年 2 月 15 日，p. 16 の表 1 の資料（いずれも原資料は資策会資訊市場情報センター）に基づく。一般携帯電話のデータは，キム ジョンギ（2015）「携帯電話産業のグローバル競争与件の変化と対応課題」（韓国語）『e-KIET 産業経済情報』第 611 号，p. 2 の図 1（原資料はガートナー社）に基づく。スマートフォンのデータは，オ ジョンスク（2014）「中国スマートフォンメーカーのグローバル先導メーカーへの跳躍戦略の方向」（韓国語）『情報通信放送政策』第 26 巻 15 号，p. 37 の図 2（原資料はガートナー社），Avril Wu（2016），"TrendForce Says Huawei Led the Global Rise of Chinese Smartphone Brands in 2015 by Shipping Over 100 Million Units to Take No. 3 Worldwide"，*TrendForce Press Release* の資料（原資料はトレンドフォース社）に基づく。半導体メモリのデータは，吉岡（2015），p. 312 の表 1（原資料はデータクエスト社とアイサプライ社）などに基づく。大型 LCD のデータは，『2003 電子・情報通信マーケティング総覧』（韓国語）デイコ産業研究所，2003 年，p. 412，ソ ドンヒョク（2014）「中国ディスプレイ産業の急成長と対応方案」（韓国語）『e-KIET 産業経済情報』第 580 号，p. 2 の図 1（原資料はディスプレイ・サーチ社），およびイ フンソク（2017）「中国，今年全世界大型 LCD 生産国家に浮上」（韓国語）『デイリーアン』2017 年 9 月 5 日付の資料（原資料はウィッツ・ビュー社）などに基づく。

来，1992 年に世界一の座についた。サムスン電子は，LCD（Liquid Crystal Display，液晶表示装置）事業でも 1995 年に量産を開始してからわずか 3 年で世界トップに立った。携帯電話分野では，1990 年代から事業を本格化した韓国のサムスン電子と LG 電子が，2000 年代初めには世界 5 大企業の一角を占めるまでになった。PC（パーソナル・コンピュータ）関連分野では，1980 年代から台湾企業が世界的な受託生産の担い手として頭角を現し，いまや圧倒的な存在感を見せている。家電などの成熟製品を主軸としてきた中国企業も 2000 年代以降，携帯電話・スマートフォンや LCD など IT 関連産業に進出し，世界市場での成長が顕著になっている。

 IT 産業では，この他にも，光ディスク装置，リチウムイオン電池，液晶テレビなどで同様の現象が観察されている。

 こうした東アジア企業の急成長の背景にあるのが，キャッチアップ型工業化戦略（末廣，2000）である。東アジア諸国では，政府も企業も，新規参入にあたって後発性の利益（the advantage of backwardness）を利用し，産業構造や製品サイクルの面で先進国に追いつく過程で，急速な経済発展と企業成長を成し遂げた。後発性の利益とは，市場参入に後れた後発企業の場合，先進国で長い時間をかけて開発された既存の知識・技術体系を利用できる有利な立場にあり，必要な技術やそれが体化された機械設備を先進国企業から導入することによって，製品・技術の開発にかかる時間と費用を圧縮できることを指す。したがって，この利益を享受しながら開始される後発国の発展のスピードは，先進国の経験に比べて一段と速くなるのである。

（2） 後発性の不利益

 後発企業は後発性の利益を享受できるからといって，ただちに成長が可能になるわけではない。後発企業では，後発であるがゆえに直面する

諸問題（後発性の不利益）を克服しなければならず，これを成しえた企業こそが，後発性の利益を実現することができる。

この点に関してホブデイ（1995）は，後発企業が世界市場で競争しようとする際の不利益として，世界的な科学的知識の発信地（研究開発の中心地）と主要な需要者のいずれも，先進国に偏在する点を指摘した（pp. 33-34）。つまり，後発企業は技術と市場へのアクセスという面で先進国企業に比べて不利な立場にあると言える。特にIT産業のように技術進歩のスピードが極めて速い分野で，後発企業が後発性の利益を享受するには，先進国企業との技術ギャップをいかにして埋めるかという問題が鍵を握ると考えられる。

韓国の技術発展を分析した金（1988）によると，先進国との技術ギャップは二重のギャップを成している。一つは，技術習熟ギャップである。これは，技術導入に依拠する後発企業では，そもそも技術能力が低いために，導入された技術を吸収・消化するのに時間がかかるというものである。もう一つは，技術移転ギャップである。後発企業に移転される技術は一般的に，先進国企業が保有する技術の中でも低い水準の技術であり，それゆえ後発企業が旧来型の技術を習得する間に，先進国企業では新技術が開発され，後発企業との技術格差がさらに広がってしまうというものである。後発企業がこの二重の技術ギャップを乗り越えて先進国の技術水準に追いつくのは容易ではなく，場合によっては，先進国からの技術依存から抜け出せないこともあり得る。

（3） 後発性の不利益の解決策

こうした二重の技術ギャップにもかかわらず，後発企業はどのようにして後発性の不利益を解決し，先進国企業に追いつくのだろうか。まず，後発企業をとりまく環境要因として，その参入と急成長を後押しする「機会の窓」（the window of opportunity）の活用を挙げることがで

きる。李・マレルバ (2017) によると,「機会の窓」とは,当該産業において支配的な地位にある企業の交代を引き起こすものであり,その契機として,技術革新,需要（景気や市場ニーズ）の変化,制度・政策の変更が挙げられる。これは,前述した技術移転ギャップの解消に寄与するものと位置づけられる。新たに生じた機会をつかむうえで,既存企業に比べて各種のしがらみの少ない新規参入者は,相対的に有利な位置を占めていると言える。

ただし,このような「機会の窓」は,すべての企業に広く開かれたものである。したがって,新たな機会をつかんで自らの成長に結びつけるためには,後発企業の側にもこの時機を捉えるために必要な能力が備わっていることが不可欠である。この能力とは,新規参入者が生産活動を軌道に乗せる過程で必要になる高度な問題解決能力を指す。例えば,市場の潜在的ニーズを認知し,それを満たすような技術や製品を発掘して新しいプロジェクトを立ち上げること,プロジェクトチーム内の技術者の間のみならず,社内の部署間および社外の関連企業や研究機関との間で有機的・効率的な連携関係を築くこと,満足のゆく成果を得るために試行錯誤を重ねること,などが含まれる (Kim, 1997, pp. 13-14)。これらは,いわば後発企業が先進国の技術を模倣するための能力であるが,その多くはイノベーションを生み出す研究開発活動でも求められる能力である (Shenkar, 2010, p. 183)。

後発企業が高度な問題解決能力を獲得・蓄積し,ひいては模倣からイノベーションに移行するうえで重要な手段となるのは,学習 (learning) である。前述の技術習熟ギャップの問題を踏まえると,後発企業が新たな機会を生かして急成長するには,より迅速かつ効率的に学習を進めることも肝要になる。

以上のような後発企業を理解するための視点に基づき,本章と次章で

は，東アジア企業がどのようにして技術と市場を確保し急成長するにいたったかという点について，IT産業の代表的な事例をもとに考えてみよう。

2. 後発企業への技術伝播の加速化

本章では，李・マレルバ（2017）の「機会の窓」の視点に依拠しながら，後発企業の参入と成長にかかわって，どのような事業環境の変化が起きたかという問題を取り上げる。ここでは，PC，携帯電話，DRAM・LCDの事例を検討してみたい。

(1) PC
① オープン・モジュール化

PC分野では1980～90年代にかけて，産業組織と競争構造に変革を迫るオープン・モジュール化という技術革新が起こった。このことが後発企業に参入と成長の機会をもたらすこととなった。

モジュール化とは，製品の部品群を機能別に構成要素（モジュール）にまとめ，モジュール相互のつなぎ方（インタフェース）をルール化することで，各モジュールを組み合わせる形で製品を作ることである。オープン化とは，このインタフェースのルールが企業を超えて共有・統一されることである。オープン・モジュール化が進むと，インタフェースのルールに従って，モジュール単位で独立した製品開発が可能になる。この結果，製品システム全体に関わる技術・スキルのない後発企業でも，特定のモジュールに特化する形で新規参入できるようになる。

そもそもPCがオープン・モジュール型の製品になったのは，PC市場の立ち上がりを牽引したIBMが製品開発に際して部品の外部調達戦略をとったことと，IBM互換機メーカーや中核部品を供給するインテルがインタフェース（部品間のデータ伝送経路であるバス仕様）の標準

化を推進したことに起因する。

　こうして構成部品ごとに複数の企業が参入し，開発競争が促されることで，PCの性能が飛躍的に高まり，普及が進む一方で，PC企業はいずれも中核部品を外部から調達するために製品差別化を図ることが難しく，コスト削減を通じた価格競争に陥った。この対応策として先進国のPC企業は，製品企画やマーケティングに自らの経営資源を集中すると同時に，コスト競争力のある新興国企業とのOEM・ODM（original design manufacturing，相手先ブランドでの設計・製造）取引を拡大した。〔表10-2〕にみられるように，この主な委託先となったのが，台湾企業である。PCブランド企業からいっそうのコスト引き下げ圧力を受けた台湾の受託生産企業は，1990年代半ば以降，生産工場を中国にシフトした（川上，2012，pp. 147-155）。この結果，中国がPC関連製品の世界的な生産拠点として興隆した。

　また，インターネットなどIT技術が発達した1990年代後半になると，PCブランド企業は在庫の陳腐化を回避しながら消費者のニーズに迅速かつきめ細かく対応するべく，従来の見込み生産方式から，SCM（supply chain management，供給連鎖管理）に基づくBTO（build to order，受注生産）／CTO（configure to order，注文仕様生産）[1]方式に移行した。SCMとは，部署や企業を超えた情報の共有化を通じて，資材の調達から最終消費者に製品を届けるまでの業務全体を統合的に最適管理し，経営成果を最大化しようとすることである（藤野，1999）。SCMでは，サプライヤーや顧客との協働が重要になる。BTO／CTO方式への移行に伴い，PCブランド企業はそれまで自社の拠点で行っていた製品の梱包や出荷に関わるロジスティクス機能も台湾企業に委託し，台湾の受託生産企業とより緊密な関係を構築するようになった。

---

1) BTO方式とは，顧客の注文を受けて標準モデルの製品を組立・出荷する生産方式である。CTO方式とは，受注後に顧客の要望する製品仕様に合わせたカスタム製品を組立・出荷する生産方式である。

表10-2 台湾企業への生産委託の状況：1998年頃

項目＼発注メーカー	コンパック	デル	IBM	モトローラ	ヒューレット・パッカード	アップル	NEC	ゲートウェイ	富士通
デスクトップ型PC	神達・英業達				大同・神達		致福・倫飛		
ノートブック型PC	英業達・華宇	仁宝・広達	宏電・広達		仁宝・広達	致勝・広達	致勝	広達	仁宝
マザーボード			環電		華碩				
モニタ	誠州・中強・大同	中強	源興・大同・明碁		大同		致福・皇旗	美格	中強
電源	光宝・台達電	光宝	光宝・台達電	光宝			光宝		
ケース	鴻海	鴻海	鴻海		鴻海			台達電	
スキャナ					旭麗・力捷				
キーボード	旭麗・群光	旭麗・群光	群光		旭麗	旭麗・群光			
グラフィック・カード	矂華	矂華	矂華						
サウンド・カード	矂華	矂華	矂華						
ビデオ・カード	矂華	矂華	矂華						

（出所）「台湾電子産業のOEM生産の実態をみる（3）」『交流』第622号（2000年6月30日），p.25の表2-1（原資料は交流協会台北事務所の調査）を引用・修正。

② OEM・ODM取引を通じた技術・ノウハウの移転

　OEM・ODM取引では，委託側の要求する品質を確保するため，先進国のPCブランド企業による手厚い技術指導が行われた。この過程で製品の試作や生産管理に必要な技術・ノウハウが台湾の受託生産企業に移転された（川上，2012，p.120，pp.125-126）。

　実際，1995年に台湾企業とOEM取引を開始した日本のPCブランド企業は，1日あたり10人以上の人材を委託先の台湾企業に派遣し，製品開発から部品手配，そして生産管理にいたるまで，手取り足取りの技術指導を行った。さらに，1990年代末のBTO／CTO方式の導入に際しては，アメリカのPCブランド企業が取引先の台湾企業における工場のレイアウトや生産過程のエンジニアリングの見直し，ソフトウェアシステムの構築などを支援し，ロジスティクスのノウハウを提供した。

このように台湾の受託生産企業は先進国企業との OEM・ODM 取引を通じて，技術・ノウハウと販路を同時に獲得することができた。

（2）　携帯電話

①　通信規格の変革

携帯電話端末分野で後発企業に参入と成長の「機会の窓」を開いたのは，一つには，通信規格の変革が挙げられる。携帯電話分野では，大容量の情報をより高速で通信できるよう，新たな通信規格への転換が繰り返されてきた。新たな通信規格の導入に際しては，複数の通信システムの選択肢があるが，どの通信システムが採用されるかは国・地域によって異なる。世界的に普及する通信システムに照準を合わせて端末開発で先行すれば，後発企業でも事業拡大の機会をつかみ，先進国企業に追いつくことができる。

韓国の携帯電話産業の発展要因を考察した安倍（2006）によると，1990 年代初めのアナログ方式からデジタル方式への転換は技術体系の大きな変革を引き起こし，後発企業が先進国企業との技術ギャップを縮める大きな機会となった。なかでも韓国の場合，政府が 1990 年代半ばにデジタル方式の中でも CDMA（符号分割多元接続）技術を国家標準とし，官民共同開発プロジェクトのもと，世界で最も早い時期に実用化に成功したことが，その後の CDMA の世界的な普及と相まって，世界市場における韓国企業の飛躍に結びついた。

②　プラットフォームの市場化

携帯電話端末分野で先進国企業と後発企業との技術ギャップの縮小を促したもう一つの機会は，プラットフォームの市場化である。これは，中核部品の供給企業が部品の販売にとどまらず，端末開発を支援する様々なツールから手厚い技術サポートにいたるまで一括して顧客に提供することを指す。

1990年代まで携帯電話の開発には，部品・端末本体のみならず通信インフラを含めた総合的な技術的知識が必要とされ，それゆえノキアやモトローラといった中核部品の開発から基地局の設計・生産まですべての機能を社内で手がける垂直統合型企業が競争力を持っていた。ところが，1990年代末頃から，TIやクアルコムなどの欧米系半導体企業が，中核部品のベースバンド半導体（無線電波に乗せて送受信される情報を解読・変換する部品）とプロトコル・スタック（端末と基地局の間の通信の手順を定めたソフトウェア）で構成されるプラットフォームを外販し始めた。さらに，市販のプラットフォームをもとに端末開発の一部あるいはすべてを請け負うデザイン・ハウスと呼ばれる専門業者も現れた。これにより，通信品質を確保するための知識・経験や資金力に乏しい後発企業であっても，プラットフォームの取引を介して，端末開発に必要な技術・ノウハウの多くを入手できるようになった。こうして1990年代末以降，これらの外部資源を活用しながら，端末のデザイン，アプリケーションの開発，マーケティングなどに自社の経営資源を集中させた韓国企業や，先進国企業のOEM・ODM委託先となった台湾企業が急成長を遂げるにいたった（安倍，2006，川上，2006）。

③　**中国企業の台頭**

　2000年代半ばには，携帯電話端末を構成するほぼすべての機能が盛り込まれたプラットフォームに加えて，それを使ったレファレンス・デザイン（端末の設計図およびメーカー名が示された推奨部品のリスト）まで，半導体企業やデザイン・ハウスから顧客に提供されるようになった。これを機に，携帯電話の技術・ノウハウをほとんど持たない多くの中国企業もこの分野に参入し始めた。ヤミ携帯と言われる中国製の不正規品も含めると，2000年代半ば時点で中国製品のシェアが中国市場の半数近くに達したものとみられる（許・今井，2010，p.199）。

2010年頃からクアルコムやメディアテックなど米台系半導体企業がスマートフォン向けのプラットフォームやレファレンス・デザインの販売を開始すると，スマートフォン分野でも中国企業の新規参入が相次ぎ，わずか数年で世界市場を席巻するようになった。

こうした中国企業の急速な事業拡大には，プラットフォームを利用して生産された低価格端末の販売により，中国国内で携帯電話サービス加入者が急増し，中国が世界最大の携帯電話・スマートフォン市場になったことも背景にあるとみられる。

(3) DRAM・LCD

① 主導的需要者の交代

DRAM分野で後発企業に市場獲得・拡大の好機を与えたのは，DRAM需要の牽引役の交代である。1980年代後半以降，DRAMの最大需要先は汎用コンピュータからPCにシフトした。この結果，DRAMの需要量が激増しただけではなく，需要者の調達行動が変化した（吉岡，2004b）。

汎用コンピュータでは性能の高さが最も重視されることから，汎用コンピュータ企業は主記憶装置を構成するDRAMに関しては，高価格でも高性能の次世代品を選好した。しかも，IBMのガリバー型寡占が形成されていた汎用コンピュータ分野では，主要なDRAM需要者自体が少なく，それらがDRAMを内製していたことも相まって，品質データを基準にDRAM供給者が絞り込まれる状況にもあった。このような需要者の調達行動は，技術能力の高い先進国の半導体企業を圧倒的な優位に立たせる一方，後発の半導体企業には高い参入障壁として立ちはだかった。

これに対して，多数の企業間で熾烈な価格競争が繰り広げられるPCでは，PC本体の性能と価格のバランスがユーザーに重視される。この

ため，PC企業はDRAMの調達に際して，価格の安い旧世代品を選好した。さらにPC企業は，見積もり段階で納品価格の引き下げ競争を促すために多くの半導体企業と取引し，数か月の短いサイクルで価格と数量を見直すという調達行動をとった。そのうえ，PC企業はメインのDRAM供給者を決めるにあたって，一定の品質基準を満たしたもののなかでも，価格と供給能力を重視した。こうしてPCがDRAM需要の牽引役になった1980年代後半以降，後発の半導体企業が遅れて参入することによる不利益が相対的に小さくなり，新規参入して間もない韓国企業に販路を獲得・拡大する機会がもたらされた。

② 製造装置への技術・ノウハウの埋め込み

技術能力の不足する後発企業にとっては，需要者から要求される厳しい品質基準に対応するための技術・ノウハウの確保も深刻な問題である。1980年代にDRAM分野で後発企業が技術能力不足という問題を克服する契機となったのが，日本で起こった技術開発の分業関係の変化である（吉岡，2004a）。

それ以前の半導体企業は，新しい技術やノウハウの社外流出を回避するため，製造装置企業には製造装置の搬入以外のことに一切関与させず，技術開発はもちろん製造装置の設計まで自社で行っていた。ところが，1980年代以降，日本の半導体企業は次世代DRAMの開発スピードを加速しながら，非メモリ事業にも自社の開発資源を向けるため，加工技術の開発に製造装置企業のエンジニアを関与させるようになった。この加工技術の共同開発の過程で製造装置の自動制御化が進むとともに，1990年代には最先端の製造装置であっても製造装置企業がこれを使いこなすノウハウを確立し，基本的な加工条件に関する情報や技術サポートも含めて製造装置を販売するようになった。こうして1980年代以降，製造装置の取引を媒介として，半導体の加工技術・ノウハウの多くが後

発企業に移転されることとなった。

　このような製造装置の取引を通じた後発企業への技術移転は，半導体の加工技術が応用されるLCD分野でも繰り返された。赤羽（2014）は，日本の開発・生産現場において，もともとエンジニアの能力や経験に体化されていた製造装置のノウハウが，1990年代末から2000年代初めにかけて形式知化されて製造装置に埋め込まれる過程を明らかにし，このことが同期間中の韓国・台湾企業による日本企業への急速なキャッチアップを後押ししたと述べている。

③　**中国企業の台頭**

　2010年代に入ると，半導体・LCD事業への参入機会が中国企業にも開かれるようになった。まず，この技術的な要因として，DRAM・LCD分野で韓国企業が先行者になって以来，その開発成果である製造装置の取引などを通じて，中国企業への技術移転が進行していることが指摘できる（吉岡，2017，pp. 62-63）。また，需要の側面では，IT機器の世界的な生産拠点となった中国においてIT関連部品の一大市場が形成されていることが挙げられる。さらに，政策的な要因として，巨額の資金援助から販路の開拓にいたるまで，中国政府の手厚い支援策が中国

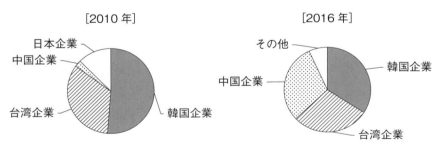

図10-1　大型LCDの世界市場における国・地域別シェア
（出所）表10-1の大型LCDの資料と同じ。

企業による技術・市場獲得の追い風になっている。

　これらの機会に恵まれたこともあり，〔図10-1〕に示したように，とりわけ半導体に比べて技術的な参入障壁の低い大型LCD分野では，中国企業が2016年の世界市場の約30％を占めるまでに急成長を遂げた。今や先端技術分野でも後発の中国企業が無視しえない存在になりつつある。

《学習課題》
1．新興国企業が世界市場で台頭した事例として，他にどのような製品分野があるか，調べてみましょう。また，当該分野の新興国企業のキャッチアップにはどのような事業環境の変化が影響しているか，考察してみましょう。
2．ある産業において技術，需要，制度・政策などの事業環境が変化したとき，先行企業の対応が遅れるのはなぜか，考えてみましょう。

参考文献

- Hobday, Michael (1995), *Innovation in East Asia: The Challenge to Japan*, Edward Elgar.
- Kim, Linsu (1997), *Imitation to Innovation: The Dynamics of Korea's Technological Learning*, Harvard Business School Press.
- Lee, Keun and Franco Malerba (2017), "Catch-up cycles and changes in industrial leadership: Windows of opportunity and responses of firms and countries in the evolution of sectoral systems", *Research Policy*, Vol. 46, Issue. 2.
- Shenkar, Oded (2010), *Copycats: How Smart Companies Use Imitation to Gain a Strategic Edge*, Harvard Business School Publishing（井上達彦監訳・遠藤真美訳『コピーキャット』東洋経済新報社，2013年）.
- 赤羽淳 (2014)『東アジア液晶パネル産業の発展：アジア後発企業の急速キャッチアップと日本企業の対応』勁草書房.

・安倍誠（2006）「韓国携帯電話端末産業の成長―電子産業との連続性と非連続性から―」今井健一・川上桃子編『東アジアのIT機器産業―分業・競争・棲み分けのダイナミクス―』アジア経済研究所.
・川上桃子（2006）「台湾携帯電話端末産業の発展基盤―受託生産を通じた企業成長の可能性と限界―」今井健一・川上桃子編『東アジアのIT機器産業―分業・競争・棲み分けのダイナミクス―』アジア経済研究所.
・川上桃子（2012）『圧縮された産業発展 台湾ノートパソコン企業の成長メカニズム』名古屋大学出版会.
・金泳鎬（1988）『東アジア工業化と世界資本主義―第四世代工業化論―』東洋経済新報社.
・許經明・今井健一（丸川知雄訳）（2010）「携帯電話産業における垂直分業の推進者―ICメーカーとデザイン・ハウス」丸川知雄・安本雅典編『携帯電話産業の進化プロセス―日本はなぜ孤立したのか』有斐閣.
・末廣昭（2000）『キャッチアップ型工業化論』名古屋大学出版会.
・藤野直明（1999）『サプライチェーン経営入門』日本経済新聞出版社.
・吉岡英美（2004a）「韓国半導体産業の国際競争力形成の要因―デバイス部門と製造装置部門の企業間関係の変化に即して―」『アジア経済』第45巻2号.
・吉岡英美（2004b）「DRAM市場における韓日企業の逆転に関する一考察―DRAM需要の質的変化の視点から―」『東アジア研究』第40号.
・吉岡英美（2015）「半導体産業における日韓企業の興亡」安倍誠・金都亨編『日韓関係史1965-2015 Ⅱ 経済』東京大学出版会.
・吉岡英美（2017）「IT産業の環境変化と韓国企業の競争力」安倍誠編『低成長時代を迎えた韓国』アジア経済研究所.

11 | 新興国企業の学習と組織能力

吉岡英美

《目標＆ポイント》 IT産業において東アジア企業は，自らの能力に基づき，外的環境の変化により生じた機会を巧みに捉えることで，技術的・市場的な参入障壁という後発性の不利益を克服し，先進国企業への急速なキャッチアップを成し遂げた。本章では，東アジア企業における能力形成の問題を取り上げる。東アジア企業がどのようにして学習を加速し，組織能力を形成したかという点について，台湾のPC受託生産企業と韓国の半導体企業の事例分析を通じて理解する。

《キーワード》 社会的能力，学習の加速化，組織能力の形成，情報共有・調整の仕組み

1. 後発国の社会的能力と学習

（1） キャッチアップ型工業化と社会的能力

　第10章では，発展途上国・企業には，先進国で開発された技術やそれが体化された機械設備を導入することにより，これらの開発にかかる時間と費用を圧縮できるという後発性の利益があると指摘した。ただし，この定義によると，基本的にはすべての発展途上国・企業に後発性の利益があるとみなされる。それにもかかわらず，実際のところ，後発性の利益を利用して経済発展や企業成長を成しえた事例は，第2次大戦後の発展途上国・企業の中では，東アジアを中心とする一部の国・企業に限られる。このことを踏まえると，後発性の利益は何の制約もなく自動的に得られるものではなく，それを享受するには一定の条件があるこ

とが浮かび上がる。

　この条件とは，発展途上国・企業が自らの能力をもとに，外的環境の変化により生じた機会を捉えることで，技術的・市場的な参入障壁という後発性の不利益を克服することであることは，前章で述べたとおりである。このうち，技術導入や市場参入に必要とされる能力のことを社会的能力という。東アジアの国や企業が先進国への急速なキャッチアップを果たしたという事実は，これらに後発性の不利益を克服するだけの社会的能力が備わっていたことを示唆している。

（2）　社会的能力をみる視点

　経済発展や企業成長を基礎づける後発国の社会的能力とは，どのように理解すればよいだろうか。この点に関して末廣（2000）は，この能力が発揮される場とその担い手として，政府における経済テクノクラート，企業における経営者（企業家），職場における技術者・技能者という3つのレベルを想定し，彼らの能力とともに，それらを取り巻く制度・組織から成る重層的なものとして社会的能力を捉えた（pp.62-63）。さらに職場における技術者・技能者の能力に関しては，個人，組織，社会の3つから形成されるものとした。個人の能力とは，輸入技術や生産システムの学習と理解に関わるものである。組織の能力とは，個人により習得された技術的知識を現場に適応させ，需要条件に見合う製品を生産するための仕組みづくりを意味している。社会の能力とは，教育制度のあり方や転用可能な在来技術の蓄積の程度を指している。

　後発企業の場合，個人が新しい技術的知識を学習するにあたって，海外留学や海外企業での技術研修が大きな役割を果たす。ただし，アジア企業では，海外留学・研修で得られた技術・ノウハウがその個人によって占有・秘匿されたり，その個人が離職したりするために，企業の生産活動に生かされないという問題がしばしば観察されてきた。この点に鑑

みて末廣（2000）は，後発企業が輸入技術をスムースに導入し定着させるには，個人が習得した技術的知識をどのように組織全体へと移転・波及させるか，すなわち組織的な能力が重要になると述べている（p.242）。具体的には，組織成員の意思決定へのコミットメントと成員間の情報の共有が組織的な能力形成の鍵になる（末廣，1996, p.62）。

これに加えて，前章でみた二重の技術ギャップという後発性の不利益を考慮すると，学習や組織の能力形成をいかにスピードアップするかという点も，後発企業が先進国企業にキャッチアップするためのなくてはならない要件であるとみなされる。

以上の視点を念頭に置きながら，本章では，東アジア企業がどのようにして学習を加速し，組織能力を形成したかという点について，先駆的な成功事例として比較的まとまった研究成果のある，台湾のPC受託生産企業と韓国の半導体企業の事例を通じて分析してみたい。

2. 台湾のPC受託生産企業の学習と組織能力

（1） PCの生産者に求められた能力

OEM・ODM取引に依拠した台湾企業の場合，参入初期の技術確保と販路開拓という後発性に由来する基本的な問題は，委託側の先進国企業により解決された。とはいえ，2000年代半ば頃までPCブランド企業が委託先を頻繁に切り替えていた（川上，2012, p.95）ことから，台湾企業は激しい受注獲得競争にさらされており，実際に数多くの台湾企業が淘汰されてきた。このように台湾企業が受注獲得競争のなかで生き残り，受託生産者としての地歩を固めるには，PCブランド企業の要請に対応しうる能力の構築が不可欠であった。

① **設計能力**

1990年代初め当時，台湾企業がノート型PCのOEM取引からODM

取引に展開するにあたって，高い製品開発・設計能力を保有しているかどうかが決定的な条件であった。PCのなかでもノート型PCの場合，放熱などの性能とともに，製造・検査のしやすさや不良品率の引き下げなども考慮しながら，小さい筐体の中に多くの部品を相互干渉なく効率的に配置しなければならず，デスクトップ型PCに比べて設計の難易度が高いからである（中原，2007，p.34，川上，2012，p.105）。

② **時間管理能力**

1990年代後半以降，インテルによるリファレンス・ガイドの提供を機に，ノート型PCの設計の難易度が低下する一方，エンジニアの引き抜きを通じて台湾企業間の設計能力の差が縮まると，次第に製品設計のスピードが重視されるようになった。受託生産企業における製品開発のリードタイムの短縮は，PCブランド企業における頻繁なモデルチェンジと低価格という製品戦略の実行に資するためであった。こうして受託生産企業では，開発リードタイムの短縮を可能にする時間管理能力の重要性が高まることとなった（川上，2005）。

③ **総合的な能力**

第10章で述べたように，1990年代末のPC市場の急激な拡大や，PCブランド企業における見込み生産方式からBTO／CTO方式への移行に伴い，受託生産企業には製品開発能力だけではなく，生産管理能力，部品調達能力，ロジスティクス管理能力も含めた総合的な能力が求められるようになった（川上，2012，p.112）。

（2） 学習の加速化

台湾の受託生産企業は，上記のような顧客の要求に応えるために必要な能力をどのように獲得したのだろうか。ここでは，個人（エンジニア）レベルの学習を加速した要因について検討してみよう。

前述したとおり，1990年代初めのノート型PCのODM取引では，受

託生産企業における製品開発・設計能力が受注確保に必要な要件であったが，この技術的障壁を乗り越えて急成長を果たしたのは，広達電脳（クアンタ）や仁宝電脳工業（コンパル）をはじめとする一部の台湾企業に限られた。これらの企業はいずれも，早い時期からノート型PCに経営資源を集中的に投じるとともに，電卓の開発・生産の経験があるという点で共通の特徴を持っていた（佐藤，2007，pp. 45-47，川上，2012，p. 101）。デスクトップ型PCとは異なり，ノート型PCでは小型化と軽量化が製品設計の核となる。ここに電卓の開発を通じて培われた技術・ノウハウが生かされたのである。このように台湾の受託生産企業では，他分野の製品開発の経験が基礎となり，これに委託元の技術指導が重なって，学習が急速に進んだと考えられる。

　また，台湾の受託生産企業の中でも出荷量の多い上位企業は，早い時期から複数の委託元企業との取引を指向し，顧客の分散化を追求してきたが，このことも学習を加速する効果をもたらした（川上，2012，pp. 126-129）。PCブランド企業によって，ターゲットとする市場や製品ラインナップ，あるいは技術支援の重点が異なる。したがって，より多くの顧客と接する受託生産企業は，それだけ学習の機会が増え，幅広い情報や知識を効果的に入手し蓄積することができる。実際，ある台湾の受託生産企業は，アメリカ企業との取引は業務の幅の拡大とテスティング技術の習得に役立ち，日本企業との取引は生産プロセス・表面実装技術の向上や組立ラインの管理方法の改善に寄与したと述べている（川上，2012，pp. 128-129）。このように多様な顧客との取引関係は，個人レベルの学習のスピードアップとともに，総合的な能力の形成を後押ししたと考えられる。

（3）組織能力の構築

　台湾の受託生産企業は，競争力のある製品を開発・生産するために，

どのような仕組みを築いてきたのだろうか。ここでは，製品開発のスピードアップを可能にした時間管理能力に焦点を当てて検討してみたい。

① 意思決定構造

川上（2005）による台湾の受託生産企業への聴き取り調査では，ノート型PCの製品開発の場合，PCブランド企業では商品企画から大量生産にいたるまで約9か月間かかるところ，台湾の受託生産企業では7カ月程度まで短縮できたという（p.65）。このような開発リードタイムの短縮に寄与した要因として，長時間労働をいとわず迅速に作業を進める多数の若手エンジニアの存在とともに，意思決定の仕組みを挙げることができる。

2000年代半ば時点の台湾企業と日本企業のノート型PCの開発リードタイムを調査した中原（2007）によると，台湾企業の場合，部品の選定や試作機の修正などは開発現場の担当エンジニアに権限があり，日本企業のように複数の上層部の決裁を仰ぐ必要がない分，0次試作機の製作・評価で1か月，1次試作機の製作・評価で0.5か月ほど，日本企業よりリードタイムが短かった（pp.38-39）。

② 開発作業の役割分担の徹底

開発作業の徹底した役割分担も，台湾企業の開発リードタイムの短縮につながる仕組みである。例えば，日本企業ではエンジニアが自ら行う部品の発注や試作機の製作・評価といった作業に関して，台湾企業では専門に行う担当者が存在する。これにより，当該作業の日程が短縮できるだけではなく，エンジニアを他の開発作業に専念させることも可能になる（中原，2007, p.42）。

③ 社外との情報共有の仕組み

後発企業のキャッチアップ過程では，開発・生産過程で生じるトラブルの迅速な解決とそれを可能にする部署間の情報共有・調整の仕組みが

重要になる。この点に関して台湾の受託生産企業では，顧客の情報を迅速に取り込み，これを社内で共有するための仕組みが築かれている。

一つは，社外の顧客との情報共有を図るためのビジネス・ユニット制の導入である。これは，顧客ごとに専属の開発エンジニアや営業担当者ならびに専用の生産ラインを配置する体制である。大口の顧客企業から生産設備や優秀なエンジニアなどを優先的に割り当てるよう要請を受けた広達電脳が，1999年に機能別組織からビジネス・ユニット制に移行したのを皮切りに，他の台湾企業も2000年代半ばまでに同様の体制を採用するようになった（川上，2012, pp. 175-179）。ビジネス・ユニット制の導入の結果，台湾の受託生産企業では顧客企業との関係が密接になり，それぞれの顧客から得られる情報が量的にも質的にも拡大するようになった。

④ 社内での情報共有の仕組み

台湾の受託生産企業におけるもう一つの情報共有の仕組みは，顧客企業から得た情報を社内で共有し，現場に適応させるためのPM（プロジェクト・マネージャー）[1]制度の導入である。PMとは，製品の企画・設計，部品サプライヤーとの交渉，製造，出荷にいたるまでの全工程を統括し，納期やコストを顧客の要求の範囲内に収めるよう全体的な調整を行う職制である（大槻，2011, pp. 71-72）。これは，日本企業における「プロダクト・マネージャー」のような期間限定で任命される特定製品の開発責任者とは異なり，〔図11-1〕のとおり，組織図の中核に位置づけられる専門職である。開発過程では，予期せぬ不具合や部品の差し替えなどのためにスケジュールの変更を迫られることがしばしばある。その際，部署をまたがる煩雑な調整を行うのもPMの役割である（中原，2007, p. 46）。このように台湾の受託生産企業では，PMを介して部署間の情報交換と調整が効率的に行われるため，個々のエンジニアの

---

1) PMは，研究開発（R&D）プロダクト・マネージャーとも呼ばれる。

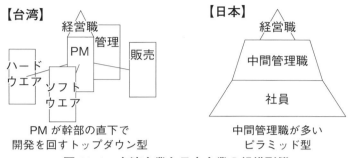

図 11-1　台湾企業と日本企業の組織形態

（出所）大槻（2011）p.71 の図 2 を抜粋して引用。

レベルで開発効率が高まり，組織全体として機動力を発揮することが可能になった。

　中原（2007）や大槻（2011）は，台湾の受託生産企業でこのような組織的な仕組みが築かれた背景には，社員の頻繁な転職とエンジニアの不足という台湾に特有の事情があると指摘している。とりわけエンジニア不足の問題は，後発性の利益に基づく急成長がもたらした副作用とも捉えられるが，翻って，このことが台湾企業におけるエンジニアの開発効率を重視する組織的な仕組みづくりを促したと言えよう。

3.　韓国の半導体企業の学習と組織能力

（1）　メモリの生産者に求められた能力

　メモリの価格はマーケットでほぼ統一されていることから，半導体企業は価格受容者として市場価格の動きに対応して行動しなければならない。DRAM をはじめとするメモリ製品では，次世代製品が開発された当初は，1 個あたり数十ドル以上の高値で取引されるが，供給企業が増えるにつれて，3〜4 年後には数ドル程度まで市場価格が急落する。こ

のような状況のなかで半導体企業が利益を得るには，次世代製品の先行開発により高価格を享受するとともに，価格の急落にも耐えられるコスト競争力を確保することが必須の条件になる。後れて市場参入した後発企業の場合には，製品の試作から量産ラインの立ち上げにかかる期間を短縮しながら，コスト競争力を築くことが，先行企業に追いつくための重要な課題となる。

① **技術能力**

まず，量産ラインの立ち上げに関してみると，前章で述べたように，1980年代から加工生産技術は自動制御化された製造装置に埋め込まれるようになったうえ，後発企業で導入される旧世代向けの製造装置は，先行企業でのデバッグ（欠陥や不具合を発見して仕様通りに動作するよう修正する作業）を経ているために，そもそも完成度がかなり高いものである。したがって，後発企業であっても既存の製造装置を利用すれば，学習を加速し，量産ラインの立ち上げ期間を短縮することができる。

ただし，韓国企業がキャッチアップ過程にあった1980年代時点では，製造装置の自動制御化は未完成の状態にあった。このため，半導体企業の側でもある程度は製造装置を使いこなすための技術・ノウハウを自ら確立しなければならず，製品の試作と量産には技術能力が不可欠であった（吉岡，2010, pp.138-139）。

② **コスト競争力**

次に，半導体企業のコスト競争力について詳しくみてみよう。これは，〔図11-2〕のように整理することができる。なかでも生産規模を拡大して規模の経済性を働かせること（図中の③），チップサイズの縮小（⑧）と良品率の向上（⑨）を通じて歩留まりを上げること，製造装置の調達コストを抑えること（⑩）は，企業のコスト競争力に大きく影響する。技術能力に乏しい後発企業では，新しい加工技術の開発が必要に

第11章　新興国企業の学習と組織能力　｜　171

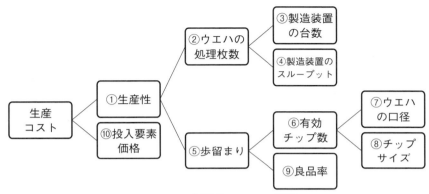

図11-2　半導体のコスト要素

（注）スループットは製造装置にウエハを投入してから処理が完了するまでの時間である。歩留まりはウエハから取れる良品チップの数である。有効チップ数は1枚のウエハに造り込むことができるチップ数である。良品率はチップが完全（良品）である確率である。
（出所）吉岡（2010），p.107の図3-5を引用・修正。

なるチップサイズの縮小は困難である。したがって，生産規模の拡大，良品率の向上，製造装置の調達コストの抑制に取り組むことが，後発企業のコスト競争力の要となる。

③　設備投資能力

生産規模の拡大と製造装置の調達コストの抑制のための基盤となるのが，設備投資能力である。ここでいう設備投資能力は，3つの要素からなる。1つ目は，設備投資の規模である。規模の経済性を働かせるためには，生産規模を拡大する必要があるが，次世代メモリの量産ラインの建設には，数百億円から数千億円もの多額の資金を要する。このため，半導体企業には巨額の資金を動員できる資金調達能力が求められる。

設備投資能力の2つ目の要素は，設備投資のタイミングである。これは，半導体企業が約4年を周期とするシリコンサイクル（市況）に大き

く影響されることと密接な関係がある。次世代製品の量産ラインを立ち上げて軌道に乗せるまでには，半年から1年程度の時間がかかる。この点を踏まえると，半導体企業が好況期に拡大する需要を十分に吸収しようとすれば，直前の不況期に大規模な設備投資を実施することが適切なタイミングである。しかも，不況期になると製造装置企業は製造装置の割引販売をすることから，不況期に設備投資を行う半導体企業は，好況期よりも低いコストで製造装置を調達することができる。とはいえ，事業収益が落ち込む不況期に，企業が巨額の設備投資を決断し実行に移すには，大きな困難が伴う。ここでは，半導体企業の投資リスクの負担能力が問われることとなる。

設備投資能力の3つ目の要素は，設備投資の対象となる市場の選択である。半導体産業では絶えざる技術革新に伴う研究開発費と設備投資の巨額化により，利益を出すために最低限必要な量産規模の水準が次第に高まってきた。このことは，膨大な費用を回収できる大きな市場を確保しなければ，それだけ持続的な技術開発や設備投資が制限されることを示唆している。その意味で，保有する生産設備を有効に活用し，規模の経済性のみならず範囲の経済性をも享受できる市場・製品選択が重要になる。

④ 　生産管理能力

半導体では超微細な加工が施されるため，生産過程で生じる欠陥をゼロにすることは難しく，完成品のすべてが品質目標を満たした良品になるわけではない。特に量産ラインの立ち上げ初期には，一般的に良品率が低い傾向にある。したがって，量産現場で効率的に良品率を上げるための生産管理能力が，コスト競争力と迅速な量産ラインの立ち上げの両面で極めて重要になる。

（2） 学習の加速化

　ここでは，韓国半導体企業の技術能力の獲得・蓄積について，代表的企業のサムスン電子を対象に検討してみよう。

　1980年代半ばに半導体市場で日米逆転が起こった際，日本企業の中ではDRAMに注力した東芝が著しい成長を遂げて，この象徴的な企業になった（伊丹＋伊丹研究室，1995, p. 33）。1980年代初めに半導体事業を開始したサムスン電子は，東芝の戦略を学習・模倣し（Cho et al., 1998, p. 498），その戦略をより徹底・拡大する形で実行に移したと見られる。

　半導体の開発・生産に必要とされる技術は，設計技術と加工生産技術に大別できるが，DRAMの場合，1980年代までは加工生産技術が次世代製品開発の中心であった。日本企業以上にDRAMに特化したサムスン電子は，加工生産技術の習得に開発資源を集中させることができた。

　さらに，1980年代当時のサムスン電子は，アメリカの半導体企業に勤務していた在米韓国人エンジニアをスカウトするとともに，日本企業で同じ世代のDRAMの開発・生産経験のある日本人エンジニアを技術顧問としてスカウトすることによって，製造装置の導入だけでは足りない技術・ノウハウを得ることができた（徐，1995, p. 113，吉岡，2010, pp. 138-139）。学習者が効率的に技術・ノウハウを獲得・蓄積するには，同じ分野の専門家のもとで経験を積み重ねることが効果的である。この点を踏まえると，先行企業で経験を積んだエンジニアの移動が，サムスン電子における技術・ノウハウの学習時間の短縮に大きく寄与したとみなされる。

　また，半導体の加工生産技術の領域では，個別の要素技術のレベルでも1980年代を通じて大きな技術変革は乏しかった。このことも後発企業の学習を加速させることにつながったと言える。同じ技術方式であれ

ば，現世代の製品試作や生産を通じて得られた技術・ノウハウの多くが次世代製品にも応用され，世代交代を通じて反復的な学習がなされるからである。加えて，サムスン電子の場合，次世代製品開発に際して技術選択の問題が生じたとき，できるだけ旧来技術の延命を図り，前世代で学習した技術的知識を徹底的に活用してきた（吉岡，2010，p. 160）。このような技術戦略も，効率的な学習を促すとともに，独自開発につながる基礎を形づくったと考えられる。

（3） 組織能力の構築

次に，コスト競争力と迅速な量産ラインの立ち上げを支えた設備投資能力と生産管理能力について，サムスン電子の事例をもとに詳しく見てみよう。

① 設備投資能力を支える組織的な仕組み

サムスン電子は1990年代前半にDRAM市場で日本企業にキャッチアップしたが，この決定的な要因として，設備投資行動の違いが注目された。すなわち，直前の1990年代初めの半導体不況期に日本企業が設備投資を控えたのに対して，サムスン電子がタイミングよく積極的な設備投資を行ったことである（徐，1995，pp. 153-156，伊丹＋伊丹研究室，1995，pp. 274-276）。サムスン電子はそれ以降も，世界の半導体企業の中でもトップクラスの大規模投資を継続的に実施し，生産規模を拡大していった。

このような果敢な設備投資の実行に際しては，前述のように，資金調達能力とリスク負担能力が重要になる。特にサムスン電子のキャッチアップ過程では，財閥という組織構造がこれらの能力を確保するうえで有利に働いた。財閥とは，いくつかの異なる定義があるが，大括りにいえば，家族または同族が出資し支配する多角的事業体である（服部，1988，pp. 19-21）。資金調達能力の面では，事業開始当初の1980年代

には，グループの系列企業からの資金融通や系列企業間の債務保証を通じて必要な資金を調達したと見られる。サムスン電子の場合，リスク負担能力の面では，1980年代当時，財閥総帥がすべての投資リスクを負う形の意思決定構造が大きな役割を果たした（徐，1995，pp. 156-161）。

ただし，1990年代に入ると，事業規模・範囲の拡大や政府の規制を背景に経営改革が推進された結果，系列企業間の債務保証や財閥総帥の経営権限は制約を受けるようになった。韓国財閥の詳細な分析を行った安倍（2011）によると，1990年代以降，サムスンでは個別事業の経営判断に関して俸給経営者への権限移譲が進んだ一方で，半導体事業の高収益と大量に保有する生産設備それ自体が多額の資金調達の源泉になった（p. 56, p. 148）。このようにサムスン電子では，メモリ事業での競争力と設備投資能力が相互に作用する好循環が築かれていると見られる。

2000年代以降，こうした好循環をいっそう強化したのが，NAND型フラッシュ・メモリへの製品多角化である（吉岡，2008，pp. 40-44）。このことは，コスト削減と収益の安定化の両面で大きく寄与することとなった。これは，NAND型フラッシュ・メモリでは製造装置の90％をDRAMと共用できることに起因する。この2つの製品を手がけるサムスン電子は，各々の市況に応じて主力生産品目を切り替えることで，設備の稼働率を高く保つことができる。このようにサムスン電子では，範囲の経済性が発揮される最適な製品多角化によって，コスト競争力がさらに高まったと考えられる。

② 生産管理能力を支える情報共有の仕組み

半導体企業では一般的に，研究所で開発・導入された技術は量産技術を確立する技術センターを経て量産工場に移管される流れになっている。この部署間の技術移管の過程では，各種の不具合やトラブルの発生が常にある。このため，量産化を円滑に進めるには，各部署が協働して

問題の発見と解決に取り組めるよう，部署間の情報交流・共有の仕組みが欠かせない。この点に関して注目されるのは，研究開発部門と製造部門との緊密なコミュニケーションのもとで開発を進めるという，かつて日本企業の競争力の源泉とされた仕組みを，サムスン電子がより徹底した形で築いていることである（吉岡，2010, pp. 162-164）。

　米山・野中（1995）は，部署間の役割分担が明確なアメリカ企業とは異なり，日本企業では部署間の情報交流・共有を図りながら製品開発を効率的に行うために，開発の初期段階から研究開発部門と製造部門の両方のエンジニアが共同で製品開発を進めるアプローチがとられたと指摘した（pp. 205-206）。

　これに対して，サムスン電子の場合，加工技術を量産工場に移管する段階で開発部門のエンジニアの一部がそのまま量産工場に異動して量産ラインの立ち上げ完了まで関与するというように，エンジニアの配置換えまで組織的に行っている。このことは，エンジニアに開発段階から量産の際に発生しうる技術的問題を事前に察知して，これに予め対応するよう促し，ひいては量産ラインの立ち上げを円滑に進める効果を持つものと理解できる。

　サムスン電子でこのような部署間での人材の配置換えを容易に行うことができる要因の一つは，日本企業とは異なり，研究所から量産工場にいたるまですべての部署が同じ敷地内にあり，異動に伴う支障がほとんどないことにある。

　また，サムスン電子では，開発部門と製造部門の間にとどまらず，異なる製品世代の開発チームの間，設計部門と製造部門の間，量産工場内のエンジニアとメンテナーの間など，多方面で部署間の情報のフィードバックを働かせる仕組みが構築されている。これに加えて，部署間の情報交流・共有の担い手となる専務・常務クラスのエンジニアに人事を含

めた様々な権限が与えられているため，迅速な意思決定のもとで問題解決を図ることが可能になっている。

このようにサムスン電子が日本企業以上に部署間の情報交流・共有を徹底させる独自の仕組みを築き上げたことが，後発企業に開かれた機会を捉え，ひいては急速なキャッチアップと先行者への移行をもたらしたと言える。

《学習課題》
1．後発企業のキャッチアップ過程で社会的能力が必要とされるのはなぜか，またこの能力とはどのようなものか，整理してみましょう。
2．あなたが関心を持つ産業・企業を取り上げ，当該産業に参入する企業にはどのような学習や能力が必要とされ，当該企業がその能力をどのように獲得することができたか，考えてみましょう。

参考文献

- Cho, Dong-Sung, Kim, Dong-Jae, and Rhee, Dong Kee (1998), "Latecomer Strategies: Evidence from the Semiconductor Industry in Japan and Korea", *Organization Science*, Vol. 9, No. 4.
- 安倍誠（2011）『韓国財閥の成長と変容―四大グループの組織改革と資源配分構造』岩波書店.
- 伊丹敬之＋伊丹研究室（1995）『日本の半導体産業 なぜ「三つの逆転」は起こったか』NTT出版.
- 大槻智洋（2011）「台湾メーカー流『速さ』の秘密 日本と大きく異なる組織運営法」『日経エレクトロニクス』11月14日号.
- 川上桃子（2005）「台湾パーソナル・コンピュータ産業の成長要因―ODM受注者としての優位性の所在―」今井健一・川上桃子編『東アジア情報機器産業の発

展プロセス』アジア経済研究所，調査研究報告書.
・川上桃子（2012）『圧縮された産業発展　台湾ノートパソコン企業の成長メカニズム』名古屋大学出版会.
・佐藤幸人（2007）『台湾ハイテク産業の生成と発展』岩波書店.
・末廣昭（1996）『戦前期タイ鉄道業の発展と技術者形成』京都大学東南アジア研究センター（重点領域研究総合的地域研究成果報告書シリーズ　第15巻）.
・末廣昭（2000）『キャッチアップ型工業化論』名古屋大学出版会.
・徐正解（1995）『企業戦略と産業発展―韓国半導体産業のキャッチアップ・プロセス』白桃書房.
・中原裕美子（2007）「パソコンのODMサプライヤーとしての台湾企業の優位性―開発プロセスの時間管理能力―」『アジア経済』第48巻第7号.
・服部民夫（1988）『韓国の経営発展』文眞堂.
・吉岡英美（2008）「韓国半導体産業の競争力―キャッチアップ後の優位の源―」奥田聡・安倍誠編『韓国主要産業の競争力』アジア経済研究所.
・吉岡英美（2010）『韓国の工業化と半導体産業―世界市場におけるサムスン電子の発展―』有斐閣.
・米山茂美・野中郁次郎（1995）「集合革新のダイナミクス―半導体産業におけるDRAM開発の事例研究」野中郁次郎・永田晃也編『日本型イノベーション・システム』白桃書房.

12 | 新興国企業の台頭と日本企業の対応

吉岡英美

《目標＆ポイント》 第10章と第11章では，IT産業における東アジア企業のキャッチアップ過程をみた。このことは，裏を返せば，キャッチアップの対象であった先進国企業を劣勢に立たせることでもあった。IT産業に限らず，自動車・鉄鋼・造船など，これまで日本企業が圧倒的な競争力を持っていた分野でも，後発企業の追い上げが顕著になっている。日本企業はなぜキャッチアップを許してしまったのか。後発企業の追い上げに対して，日本企業はどのように対応してきたのか。本章では，この典型である半導体の事例を取り上げ，この問題に対する理解を深める。

《キーワード》 先行企業の試練，統合型企業のジレンマ，イノベーターのジレンマ，現地生産・開発

1. 後発企業の挑戦と先行企業の試練

　第10章と第11章で述べたように，後発性の利益を享受できた後発企業は，開発過程を省略できる分だけ，成長のスピードが先進国企業の経験に比べて速まる。このことは，結果として，後発企業が先進国企業と同程度の市場シェアに達するだけではなく，それを凌駕する可能性があることをも示している。さらに，このような後発企業の挑戦は，翻ってみると，先進国企業にとって試練を意味するものであり，先進国企業に何らかの対応を迫ることに他ならない。

　先進国企業の打開策としては，主に2つの方策が考えられる。第1に，当該市場において後発企業の追い上げに対抗するべく，低価格・低コス

トを実現することである。それには，開発・生産組織の変革や戦略の変更など，企業内部の改革が必要になる。第2に，後発企業の追い上げを振り切るべく，製品・技術のフロンティアをさらに進める技術革新を実現することである。もし先進国企業がこれらの改革・革新を通じて後発企業の挑戦にうまく対応することができなければ，相対的な地位の低下を余儀なくされることとなる。

1990年代以降，後発の東アジア企業によるキャッチアップを受けて，複数の製品分野で，日本企業がこのような試練に直面するようになった。この典型として，日本の半導体企業を挙げることができる。本章では，半導体の事例に着目し，日本企業がキャッチアップを許した要因と背景，そしてその後の日本企業の対応について，韓国企業とも対比させながら掘り下げてみたい。

2. 日本企業の試練

(1) 日本の半導体産業の低迷

日本の半導体企業の試練は，世界市場でのシェアに表れている。市場調査会社[1]の資料によると，世界半導体市場において1990年時点で46％に達していた日本企業のシェアは，2015年には11％まで低下した。

半導体の国内生産の推移をみた〔図12-1〕でも，日本企業の生産水準は2000年代半ば頃まで伸び悩み，2008年の世界金融危機後，減少に転じていることがうかがえる。〔図12-2〕のように，1990年代後半以降，日本の半導体企業の大半はDRAMから撤退し，事業再編を図りながらロジック（主にデジタル家電向けのシステムLSI）への製品転換を進めていった。2010年代に入り，車載用半導体分野のルネサスエレクトロニクス，イメージセンサー分野のソニー，パワー半導体分野の東芝と三菱電機など，個々の製品分野では日本企業が競争力を発揮してい

---

[1] 1990年のデータはデータクエスト社の資料，2015年のデータはICインサイツ社の資料による。

る。とはいえ，〔図12-1〕に表れているように，2000年代末以降，全体としてロジックを中心に国内生産が大幅に縮小している。日本の半導体企業は海外での一貫生産をほとんど行っていないことを踏まえると，2000年代末以降の半導体生産の減少は，主にロジック分野での日本企業の競争力の喪失に起因するものと考えられる。

このように日本の半導体企業は，キャッチアップの舞台となったDRAM分野での対応の遅れに加えて，DRAMに代わる新たな製品開拓の遅れにより，世界市場でのシェアが低下の一途をたどることとなった。以下では，この2つの遅れに焦点を当てて，日本の半導体企業が苦境に陥った要因と背景について考えてみよう。

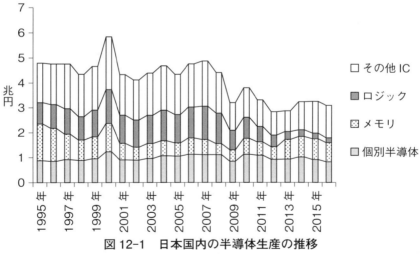

図12-1　日本国内の半導体生産の推移

(出所) 電子情報技術産業協会の統計資料 (https://www.jeita.or.jp/japanese/stat/) より作成。

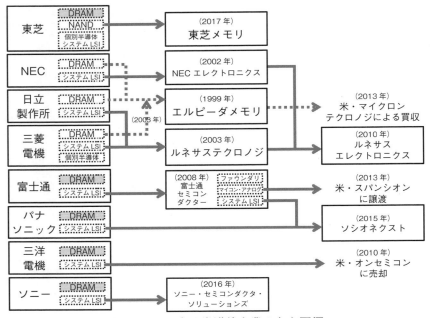

図 12-2　日本の半導体企業の主な再編

(注) DRAM の塗りつぶしは撤退を示している。
(出所) 経済産業省「事業再編について」(日本経済再生本部・未来投資会議構造改革徹底推進会合「企業関連制度改革・産業構造改革—長期投資と大胆な再編の促進」第 4 回 [2017 年 1 月 23 日] 会合の配布資料), p. 33, 会社資料, 報道資料を参考に作成。

(2) DRAM 分野での対応の遅れ

① 設備投資戦略

　DRAM 市場で日本企業が苦境に陥ったのは，第 11 章でも述べたとおり，その消極的な設備投資行動によるところが大きい。日本企業が設備投資に消極的になった要因として，バブル崩壊後の長期不況の影響とともに，「統合型企業のジレンマ」(榊原, 2006) と呼ばれる問題が挙げら

れる。「統合型企業のジレンマ」とは，完成品事業と部品事業の両方に取り組む垂直統合型企業が固有の強みを発揮する一方で，困難な問題を抱え込むことを指している。

　半導体産業では，基本的な技術体系が確立して設備投資競争に突入した1970年代後半から1980年代初めにかけて，日本企業がアメリカ企業へのキャッチアップを果たした。この要因の一つに，企業構造の違いがある（伊丹＋伊丹研究室，1995，pp. 82-85, p. 93）。設備投資に必要な資金調達という点では，ベンチャー出身で半導体専業のアメリカ企業よりも，総合電機企業を中心とする日本企業のほうが有利に立つことができた。また，総合電機企業では，電子機器の優位性の獲得という目的のもと，その中核部品となる半導体事業の強化が促され，それが半導体部門の継続的な設備投資を後押しすることにもなった。

　しかしながら，幅広い事業を営む総合電機企業では，製品の開発・生産は個々の事業部が担う一方，設備投資は一般的に全社レベルの調整と意思決定を経なければならず，製品開発の担い手と設備投資の担い手との不整合が生じていた。この不整合の問題は，全社的に業績が右肩上がりの成長期には顕在化しない。だが，バブル崩壊後に総合電機企業が全社的に厳しい事業環境に直面すると，部門間の資金配分の調整が難しくなった。実際，筆者が総合電機企業の元・半導体事業部長に対して行った聴き取り調査でも，1990年代前半には社内の予算獲得に奔走し，必要最低限の設備投資資金の承認を得ることすら困難を極めたという。

　このような企業組織の問題もあり，日本のDRAM事業は1990年代末に総合電機企業から分離独立し，エルピーダメモリに集約された。しかし，同社は不安定な市況に売上が左右されるDRAMに特化したため，かえって資金調達に難航し，2008年の世界金融危機をきっかけに経営危機に陥ることとなった。

これに対して韓国のサムスン電子も，社内に複数事業を抱える統合型企業であるが，当初から半導体を中核事業に位置づけてきたうえ，社内カンパニー制の導入により，製品開発と設備投資における不整合の問題は起きなかった。
　こうした日韓企業の組織的な違いが設備投資行動に反映し，ひいてはコスト・利益の差となって表れたものと考えられる。

② **組織能力**

　DRAM市場における日本企業の苦境は，いわゆる「イノベーターのジレンマ」（Christensen, 1997）に陥ったことにも起因する。すなわち，技術・需要条件の変化を背景に，DRAMの企業間競争の焦点が高品質から低コストにシフトするなかで，日本企業はこの変化にうまく適応できなかったのである（吉岡，2010，pp. 109-111）。
　DRAM市場において1980年代初めに日本企業がアメリカ企業を凌駕した要因の一つは，顧客の要求水準以上の品質を達成するオーバースペック的な製品開発にあった（米山・野中，1995，pp. 202-204）。しかしながら，1990年代以降，製品寿命の短いパソコンがDRAMの応用製品として台頭するとともに，加工技術・ノウハウの装置化が進んだ結果，オーバースペック的な製品開発が半導体企業の競争力の要として機能しなくなった。
　それにもかかわらず，高品質というブランド・イメージの定着した日本企業では，品質保証部門が強力な権限を持っており，設計・製造部門に対して過剰な技術仕様を要求する傾向にあったことから，高いレベルの品質目標を切り替えること自体が難しかった。また，高い品質を達成するための技術・ノウハウが蓄積されている状態で，これまでのやり方を変更する，あるいは省略するということに対しては，それが品質や良品率を必要以上に下げてしまうのではないかという不安もあり，消極的

にならざるを得なかった。こうして日本企業はDRAMの開発・生産において，3〜4年で買い替えられるパソコンの特性に見合った必要最小限の品質を達成すべきところを，1990年代当時でもそれ以上の信頼性を保証するほどの高品質を追求しつづけたのである。

　しかも，このことは，製造装置の調達コストを引き上げることにもつながった（吉岡，2010，pp.116-117）。日本企業では，完成品の品質や良品率を上げるために，個々の製造装置で最高の加工精度を得ようとし，この結果，多くの製造装置が特別仕様になったからである。製造装置を改造したりオプションを付けたりすれば，製造装置によっては30％程度の追加コストが発生する。また，特別仕様に変更すると，製造装置の不具合に関しては製造装置企業の責任ではなくなるため，問題が発生した際には，半導体企業が自らの努力で解決しなければならず，それだけ手間やコストがかかることにもなった。

　これに対してサムスン電子の場合，DRAM需要がパソコンに移行するときにはキャッチアップ過程にあったため，顧客の求める品質レベルをいかに達成するかという状況にあった。その作業自体は困難な途であったとしても，品質目標の是正を迫られた日本企業に比べれば取り組みやすい方向だったと言える。また，製造装置の仕様に関しても，サムスン電子は良品率を上げるために特別仕様が必要かどうかを徹底的に検討し，良品率に違いがないと判断すれば，標準仕様を選択した。

　このように市場変化への対応に遅れた日本企業では，オーバースペック的な製品開発が継続した結果，設備投資金額が膨張し，DRAM市場のコスト競争で劣位に立たされるようになった。

（3）　新しい製品開拓の遅れ

　1990年代末以降，日本企業はDRAMに代わる半導体事業の新たな柱として，液晶テレビやDVDといったデジタル家電向けのシステムLSI

に注力した。システム LSI は，さまざまな機能の半導体製品をワンチップ化したものであり，その製品化にはデジタル家電部門の開発者との緊密な連携が不可欠である。それゆえ，幅広い半導体製品を取り揃えるとともに，社内やグループ内に主要な顧客が存在する日本の半導体企業にとって，システム LSI 事業は自らの強みを発揮できる分野としてみなされた。

しかしながら，本来得意な製品分野であるはずのシステム LSI において，実際のところ，日本企業は苦戦を強いられた。日本企業はシステム LSI 事業においても「統合型企業のジレンマ」に陥ったからである。

システム LSI では，設計が複雑なうえに最先端の加工技術が用いられることが多く，開発費が高騰した。半導体企業が巨額の費用を回収するには，まとまった販売量を確保して規模の経済性を働かせることが必須であった。だが，日本の半導体企業は，社内のデジタル家電部門からの技術情報保護の要請により，他の顧客企業への販売先の拡張に制約があった（吉岡，2008，pp. 44-45）。こうして日本企業は社内需要だけではシステム LSI 事業の採算がとれない「統合型企業のジレンマ」に直面したのである。

デジタル家電で競争力の高い顧客企業と連携した半導体企業であれば，特定の顧客だけで必要な生産量を満たし，システム LSI 分野でも競争力を発揮することができた。だが，2000 年代以降，液晶テレビや DVD プレイヤーなどのデジタル家電分野でも，中核技術やノウハウの埋め込まれた部品・生産設備の市販を通じて製品のモジュール化が進むにつれて，低価格を武器に参入したアジア企業が世界市場を席巻するようになった（新宅・小川・善本，2006，新宅・善本，2009）。この結果，液晶テレビの例では，2002 年に 80％近くあった日本企業の世界シェアは，2013 年には 10％程度まで大きく低下した（川上，2015，p. 177）。

2000年代末の世界金融危機の影響で売上が落ち込むと，日本企業はデジタル家電事業からの撤退や外部生産委託を進めるようになった。こうした顧客企業の業績不振を受けて大幅な赤字を計上したルネサステクノロジとNECエレクトロニクスは，2010年に合併し，2013年からは産業革新機構のもとで経営再建を図ることとなった。

　他方，液晶テレビや携帯端末機を生産・販売するサムスン電子にも，完成品と部品の社内取引があり，一見すると，日本企業のような「統合型企業のジレンマ」の問題があるように思われる。しかしながら，サムスン電子の場合，半導体部門では，たとえ社内に顧客が存在していたとしても，ターゲットとする応用製品市場において最大手の顧客との社外取引が重視されている。また，携帯端末機などの完成品部門も，常に競争力のある部品の確保を目的に，部品の社内調達率を一定水準以下に抑える方針を掲げてきた（吉岡，2008，pp. 41-42）。このようにサムスン電子は，統合型企業でありながら，各々の事業部門の独立性を高めることで「統合型企業のジレンマ」を回避してきたとみなされる。

3. 日本企業と新興国企業との協調関係の深化

　これまで日本企業と韓国企業は，半導体市場において追い上げられる側と追い上げる側という競争関係にあった。その一方で，半導体製品の生産に必要な材料・製造装置の供給・調達という面では，日韓企業は協調関係を築いてきた。そもそも韓国の半導体企業と日本の材料・製造装置企業との間でこのような協調関係が形成されたのは，半導体産業への参入にあたって後発の韓国企業が後発性の利益を享受するべく，日本で開発された技術とそれが体化された材料・機械類を利用したことにある。

　それでは，メモリ市場で韓国企業が日本企業を追い上げ，自ら技術開発を担うようになった2000年代以降，日本の材料・製造装置企業の経

営活動にはどのような影響が及んだのだろうか。最後に，この問題を取り上げてみよう。

（1） 日本の材料・製造装置企業の現地生産・開発

　半導体市場における日韓企業の競争関係の変容に伴って，注目すべきは，〔表12-1〕に示したように，日本の半導体材料・製造装置企業が韓国に生産拠点のみならず開発拠点をも移管する動きが増えてきたことである。

　地理的に近い韓国であれば，日本からの輸出や日本国内での製品開発にそれほど大きな支障はないように思われる。それにもかかわらず，なぜ日本の材料・製造装置企業は韓国現地での生産・開発を指向するようになったのだろうか。

　この要因として指摘できるのは，第1に，拡大する韓国需要の取り込みである。例えば，国・地域別の半導体製造装置市場を示した〔図12-3〕に表れているように，2000年代末頃から製造装置の販売額割合で韓国市場が日本市場を上回るようになった。この背景には，韓国企業が日本企業に追いつき，その後も先導者としての地位を保持するために，巨額の設備投資を実施してきたことが指摘できる。これに対して日本の半導体企業は，前述したように，先端の加工技術開発から相次いで手を引き，あるいは経営危機に見舞われてしまった。こうしたなかで日本の材料・製造装置企業は，韓国市場の将来性に期待するとともに，日本以外に市場を求めていかなければならないと強く認識するようになったのである（言岡，2014，p.89）。

　大口顧客の韓国シフトに加えて，日本の材料・製造装置企業の現地化を決定づけた第2の要因は，韓国の半導体企業が先行者利益を得ることを目的に，開発・量産立ち上げ期間の短縮化を徹底したことにある。サムスン電子は，開発過程で繰り返される実験結果の検証作業，量産立ち

表 12-1　主な日本の半導体材料・製造装置企業の対韓投資

企業名	投資時期	投資内容	備考
三菱ガス化学	1991 年 2007 年	高純度薬液の精製工場の設立 研究棟の設置	ハンソル・ケミカルとの合弁
住友化学	1992 年	高純度薬液の精製工場の設立 研究所の設置	
トクヤマ	1995 年	現像液の生産工場の設立	サムスン精密化学との合弁
TOWA	1995 年	モールディング装置の金型設計・製造工場の設立	現地企業との合弁
光洋サーモシステム	1998 年	熱処理装置の製造工場の設立	
アルバック	2000 年 2005 年 2011 年	成膜装置の生産工場の設立 製造装置コンポーネントの生産子会社の設立 研究所の設置	
ダイフク	2001 年	半導体工場向け搬送・保管システムの製造工場の設立	
日産化学工業	2002 年	露光用反射防止コーティング材の生産工場の設立	
リンテック	2006 年	ウエハ表面保護テープ，ダイシングテープの生産工場の設立	
CKD	2006 年	半導体製造装置ウェットおよびガス用バルブ・パネルの組立生産の開始	
アデカ	2006 年 2010 年	成膜材料の生産工場の設立 研究開発センターの設置	
東京エレクトロン	2006 年 2012 年	製造装置のユニット・アクセサリの製造工場の設立 プロセス技術センターの設置	
日本マイクロニクス	2010 年	半導体ウエハ検査用プローブカードの製造開始	
堀場エステック	2010 年	製造装置コンポーネントのパイロット生産工場の設立	
アドバンテスト	2011 年	テスト・ハンドラの生産開始	
住友精化	2012 年	高純度ガスの生産工場の設立	
富士フィルムエレクトロニクスマテリアルズ	2012 年	現像液，化学的機械研磨材料，クリーナーの生産工場の設立	
東京応化工業	2013 年	フォトレジストの生産工場の設立 研究所の設置	

(出所) 会社資料より作成。

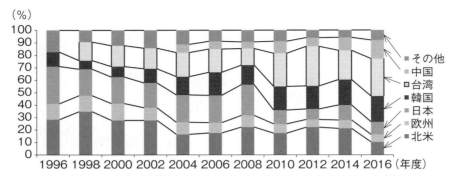

図 12-3　半導体製造装置市場における国別・地域別シェアの推移
(出所) 日本半導体製造装置協会『半導体・FPD 製造装置 販売統計』各年版より作成。

上げ段階でのトラブルの解決，納期にいたるまで，材料・製造装置企業に迅速な対応を強く求める傾向にある。このことが日本の材料・製造装置企業に，日本からの出張対応ではサムスン電子の開発・生産活動のスピードに乗り遅れてしまうという危機感を抱かせることとなった（吉岡，2014, p.90）。特にサムスン電子の場合，他社との開発競争だけではなく，社内のチーム間でも激しい開発競争が繰り広げられるため，材料・製造装置企業に対するスピードアップの要求はいきおい強くならざるを得ない。

　他方，日本の材料・製造装置企業にとっても，製品開発に際して，半導体企業の持つ技術情報へのアクセスや要求仕様のすり合わせが不可欠である。また，顧客による他社製品への乗り換えを防ぐロックイン効果を得る点でも，開発段階から半導体企業と緊密な関係を築くことにはメリットがある。こうして日本の材料・製造装置企業は，韓国の顧客企業の近くに自社の工場や研究所を置き，顧客の要請に即応できる体制を整えた。このように半導体の市場シェアと製品開発で韓国企業が日本企業

を凌駕したことは，日本の材料・製造装置企業を韓国に向かわせる求心力になっていると見られる。

（2） 現地化の深化

韓国に進出した日本の材料・製造装置企業はどのように生産・開発活動を行っているのだろうか。筆者らが複数の在韓日系半導体材料・製造装置企業で行った聴き取り調査（吉岡，2014，pp. 90-91）に基づき，韓国での現地生産・開発の実態を探ってみよう。

① 生産活動

まず生産活動をみてみよう。韓国に生産拠点を移した日本企業では，生産開始当初，必要な部材・機械類はすべて日本から持ち込んで工場を立ち上げる事例がほとんどであった。これは，韓国の新規取引先の開拓にかかる取引コストの問題だけではなく，半導体事業に特有の事情も背景にある。半導体向け材料・製造装置の場合，同じモデルの製品で構成部品・原料や製法を変更する際には顧客企業の評価・認定を受けなければならず，この作業には通常1～2年の時間を要する。このため，材料・製造装置企業は部材の調達取引先をすぐには変えにくい。

しかしながら，韓国に進出して10年以上経過した複数の日本企業では，工場の規模を拡張する度に，高精度が要求される中核の部材・機械類や韓国では入手困難な特殊な部材・機械類を除いて，現地調達が進んできた。生産品目によっては，現地調達比率が50％程度（半導体製造装置）から80％程度（半導体製造装置コンポーネント）に達している事例もあった。

現地調達の理由としては，同じ品質・性能であれば韓国製品のほうが日本製品より価格や輸送費が安く，納期やトラブルへの対応という点でも韓国企業に地の利があるためである。これらの現地調達取引先には，日本企業の現地子会社も含まれると見られるが，コンベアなどの機械設

備や汎用部品に関しては，韓国系の中小企業が中心であった。

このように日本の材料・製造装置企業が現地調達に努めてきたのは，そもそも顧客の半導体企業において，短期間で急落する市場価格に合わせてコスト削減に取り組むことが生き残りのための必須の条件となっており，それだけサプライヤーに対しても納品価格引き下げ圧力がかかるためである。

② 開発活動

次に，開発活動に目を向けてみよう。日本の半導体材料・製造装置企業では，日本本社で開発された基礎技術や製品コンセプトをもとに，顧客の要求仕様に合うよう改良（カスタマイズ）する作業を韓国の開発拠点で行っているところが多かった。ただし，韓国で長年にわたって開発活動に取り組んできた日本企業のなかには，量的にも質的にも日本本社と同程度の開発スタッフを擁するとともに，半導体関連の製品開発の大半を韓国の開発拠点が担うようになった事例もある。

さらに注目すべきは，複数の日本企業において，韓国人エンジニアが現地の開発活動の中心的な担い手になっていることである。この理由の一つは，韓国の半導体企業が日本の材料・製造装置企業に対して，双方のエンジニアが細部にわたって円滑な意思疎通を図ることを目的に，対面的なコミュニケーションの場で韓国語を使用するよう要望したためである。韓国の半導体企業が製品開発で先行するために開発・量産立ち上げの迅速化に取り組んできたことは既に指摘したとおりであるが，このことは日本企業の人材の現地化をも促したのである。日本企業が現地の開発活動を韓国人エンジニアに委ねたもう一つの理由は，日本の材料・製造装置企業にとっても，製品開発に必要な技術情報を韓国の顧客企業からいち早く入手するうえで，韓国人スタッフの「学縁」（高校・大学の同窓関係）などが活用できることにある。

以上のように半導体市場における日韓企業の逆転は，日本の材料・製造装置企業による対韓投資を促し，韓国の半導体企業との協調関係を深化させることとなった。こうした日本企業の現地化の流れが今後さらに加速する場合，これまで中間財・資本財の供給基地として存在感を保ってきた日本の役割にも無視しえない影響が及ぶことになるだろう。その意味で，新興国企業と協調関係を深めてきた日本企業が海外進出の成果を日本国内における不断の技術革新に結実させられるかどうかという点は，いわゆる産業の空洞化を回避するためにも，ますます重要になるだろう。新興国企業が急速に台頭するなかで，日本企業は新たな試練を迎えていると言える。

《学習課題》
1．コスト・価格面で優位にある新興国企業との競争に対して，日本企業はどのように対応すべきか，考えてみましょう。
2．新興国に生産・開発拠点を置く日本企業の事例を取り上げ，なぜ新興国に拠点を移したか，また日本国内の事業活動をどのように強化しているか，調べてみましょう。

参考文献

- Christensen, Clayton M.（1997）*The Innovator's Dilemma: When New Technologies Cause Great Firms to Fail*, Harvard Business School Press（伊豆原弓訳『イノベーションのジレンマ―技術革新が巨大企業を滅ぼすとき』翔泳社, 2000年）.
- 伊丹敬之＋伊丹研究室（1995）『日本の半導体産業　なぜ「三つの逆転」は起こったか』NTT出版.
- 川上桃子（2015）「テレビ産業：アーキテクチャの転換とアジア企業間の事業モデル競争」橘川武郎・久保文克・佐々木聡・平井岳哉編『アジアの企業間競争』文眞堂.
- 榊原清則（2006）「統合型企業のジレンマ―時計とテレビの事例」榊原清則・香山晋編『イノベーションと競争優位　コモディティ化するデジタル機器』NTT出版.
- 新宅純二郎・小川紘一・善本哲夫（2006）「光ディスク産業の競争と国際的協業モデル―擦り合わせ要素のカプセル化によるモジュラー化の進展」榊原清則・香山晋編『イノベーションと競争優位　コモディティ化するデジタル機器』NTT出版.
- 新宅純二郎・善本哲夫（2009）「液晶テレビ・パネル産業　アジアにおける国際分業」新宅純二郎・天野倫文編『ものづくりの経営戦略　アジアの産業地理学』有斐閣.
- 吉岡英美（2008）「韓国半導体産業の競争力―キャッチアップ後の優位の源―」奥田聡・安倍誠編『韓国主要産業の競争力』アジア経済研究所.
- 吉岡英美（2014）「2000年代以降の韓国の産業発展の深化―半導体・LCDの部材・製造装置産業の形成」『アジア経済』第55巻4号.
- 吉岡英美（2015）「半導体産業における日韓企業の興亡」安倍誠・金都亨編『日韓関係史 1965-2015 Ⅱ 経済』東京大学出版会.
- 米山茂美・野中郁次郎（1995）「集合革新のダイナミクス―半導体産業におけるDRAM開発の事例研究」野中郁次郎・永田晃也編『日本型イノベーション・システム』白桃書房.

13 | 国際経営と外国為替レート

洞口治夫

《目標&ポイント》 多国籍企業の参入形態が異なるのに応じて，為替レートの変化は異なった影響を与える。円高・円安など為替レートの変動がどのような理由によって起こるのかについての学説を説明する。また，為替レートの変動を予測するうえで重視すべき要因と，予測を困難にしている要因について学ぶ。
《キーワード》 購買力平価（purchasing power parity, PPP），ビッグマック指数，金利平価（interest rate parity），ランダムウォーク（random walk），オーバーシューティング（overshooting），ニュースの役割

1. 参入戦略と円高・円安

　多国籍企業の海外売上高は，為替レートの影響をどのように受けているのだろうか。為替レートの変化を予測するためには，どのような指標を用いればよいのだろうか。本章では，為替レートが国際経営に及ぼす影響と，為替レートが決定されていく要因について解説する。

　為替レートは，私たちの生活に影響を及ぼす。私たちが海外旅行をするときには，外国通貨を手に入れる必要がある。日本国内で外貨を扱う銀行か，あるいは旅行先となる海外の銀行で日本円を外国通貨に取り替える。このように外貨を手に入れるときの交換比率のことを外国為替レートという。円高になれば，外国通貨1単位を手に入れるために支払う円の額は少なくなる。円高では，外国通貨に対する円の価値は高まる。私たちがすでに経験しているように，円高であれば海外旅行をして

使える外貨の額は増える。円安であれば，より多額の日本円を出して外国通貨を買うことになるので，海外で使える外貨の額は減る。

　円高や円安のような通貨価値の変動は，企業の参入戦略に影響を与える。輸出を行う製造業企業にとっては，円高のもとで輸出が困難になる。それは，たとえば，日本の自動車メーカーがアメリカに自動車を輸出すると，輸出をした相手先国の通貨であるドルを円に交換する必要があるからである。円高のもとでは，同じ1ドルに対して手に入れることのできる円の額は減る。円安ではその逆である。日本の自動車メーカーが輸出をして受け取ったドルを日本円に替えるとき，円高のもとでは，円安の状態と比較して円の額が少なくなる。ドルの価値が高いときには受け取る円の額は増える。円安は輸出に有利に働き，円高になれば輸出は困難になる。円安とドル高は，同じことの別の表現である。

　為替レートの変動は対外直接投資に対しても影響を与える。その影響は，輸出の場合よりも複雑である。まず，すでに投資が行われており，在外子会社が運営されている場合に，円高がどのような影響を与えるかを考えてみよう。たとえば，日本企業の在アメリカ子会社が製造業であり，日本の親会社が部品や原材料をアメリカ子会社に輸出している場合には，円高によって部品・原材料の価格は高くなり，ドルベースで計算した子会社の製造コストは高くなる。これは輸出を行うときの円高の効果と同じである。

　対外直接投資では，アメリカの在外子会社が獲得した利益をドルでの配当という形で日本に送金する必要が生まれる。日本本社は，受け取ったドルの配当を円に交換するが，円高のもとでは，円安でのレートよりも日本円での配当金額は少なくなる。こうした場合に，円高は多国籍企業の親会社が受け取る配当を目減りさせる。

　対外直接投資に対する円高の効果には，これとは逆の側面もある。た

とえば，これからアメリカに直接投資をして，在外子会社の設立を計画している日本企業にとって円高は追い風となる。つまり，円高のもとでは，同額の円による投資金額で，円高が進む以前のレートよりも多額のドル投資を行うことができる。グリーン・フィールド・インベストメントを行い，アメリカで工場を立地するための土地を購入し，建設資材を購入するときに，円高はプラスに働く。これは，私たちが個人でアメリカ旅行をして，日本に持ち帰るお土産をアメリカで購入するときに，円高のメリットを享受できることに似ている。工場を新設するという場合だけでなく，追加的な投資をしたり，外国企業のM&A（合併・買収）をしたり，日本からアメリカの子会社に海外駐在のために従業員を派遣する場合なども，円高はプラスに働く。端的に言えば，「投資」という行動の場合には，自国通貨が強いほうが有利に働く。

　ライセンシング契約の場合には，外国為替レートの影響は，契約内容に依存する。つまり，技術やノウハウを与える企業（ライセンサー）に対して，その利用をする企業（ライセンシー）が，どの通貨でロイヤリティ・フィーを支払う契約をしているかに依存する。仮に，アメリカで活動するライセンシーが，現地通貨であるドル建てで販売高の一定割合を日本にいるライセンサーに支払う契約をしているとすれば，円高になると，日本のライセンサーが獲得する円でのロイヤリティ・フィーは低くなる。しかし，もしも円建てで支払うことを契約の中に含んでいれば，日本円での受取額と円高・円安との関係はなくなる。

　牛丼のチェーン店が外国に店舗を開く場合や，コンビニエンス・ストアのようなフランチャイズ・ビジネスでは，収入は現地通貨で得られる。牛丼チェーン店のアメリカ現地法人が獲得したドル建て利益の一定割合を，その時々の円ドル為替レートによって円に交換して送金するとすれば，円高になると日本本社が受け取る円の額は少なくなる。

2. 為替レートの決定理論

　為替レートは国際経営に大きな影響を与える。為替レートの水準がどのように決まるのか，についてはいくつかの理論がある。理論は現実を完全に説明するものではないが，将来の為替レートを予測するうえでの基準を与えている。完全な予測は不可能であるが，なぜ不可能なのかという理由も，理論の内容を知ることで理解できる。

(1) 購買力平価

　為替レートとは，自国通貨と外国通貨の交換比率のことである。通貨によって購買活動が行われることに着目すれば，2つの国で同じ財を購入するときの価格の比によって，各国の通貨価値の比率が決まると考えることができる。こうした考え方を購買力平価（purchasing power parity, PPP）という。平価とはparityの訳であるが，parityには「同等」，「等価」といった意味がある。天秤（てんびん）の両側に，異なる形をしていながら，しかし，重さの等しいモノが載（の）ってバランスしている状態を思い浮かべると意味を理解しやすい。

　購買力平価とは，2か国の通貨が持つ購買力を比較することによって，その価格比としての為替レートが決まる，という考え方である。たとえば，私たちが1日の生活に必要な食料を買うときに，日本円では1,000円かかり，米ドルでは10ドルかかるとすれば，同じ食料を基準として，1,000円と10ドルが釣り合っていることになる。つまり100円が1ドルに釣り合っているのだから，為替レートも，その水準に決まるはずである，と考えるのが購買力平価の考え方である。

　購買力平価は実際に測定可能だが，価格を比較するべき財を何にするか，という実際的な問題がある。消費者物価指数，あるいは，任意の特定の財を選び，それをマーケット・バスケットと呼んで比較が行われて

いる。

　購買力平価の考え方を応用した経済記事を特集して，為替レートについての興味を高めてきたのが，イギリスの経済誌であるエコノミスト誌である。同誌による「ビッグマック指数」の調査は，物価比較の対象をマクドナルドの「ビッグマック」に特定して，世界各国の購買力を比較している。〔表 13 - 1〕には，エコノミスト誌に依拠してデータを集めたサイトに掲載された結果のうちから数か国のデータを取り出してある。

　〔表 13 - 1〕における第 1 の列（1）は，世界各国においてマクドナルドのビッグマックがいくらで販売されているか，というデータを示している。単位はそれぞれの国の通貨である。アメリカではビッグマック 1 つが 5.28 ドル，日本では 380 円，ブラジルでは 16.5 レアルなどといった価格調査の結果が得られている。

　ドルや円などの異なる通貨で同じ商品を購買するとき，それぞれいくらを支払う必要があるのか。その支払い価格の比率を計算すれば，通貨の交換比率を計算することができる。こうした意味での購買力平価を計算した結果を〔表 13 - 1〕の第 2 列（2）に示している。ビッグマックの価格比で測った 1 ドルあたりの円の価値は，380 円÷5.28 ドル＝71.97 円／ドルとなる。購買力平価の一例としてのビッグマック指数からは，71.97 円／ドルが理論的に妥当な為替レートの値だということになる。

　調査時点である 2018 年 1 月 17 日における実際の為替レートは，〔表 13 - 1〕の第 3 列（3）に示している。1 ドルに対する円のレートは，110.73 円／ドルであった。ビッグマック指数を理論値とみなすとすれば，実際の為替レートが円安ドル高になっていることがわかる。もしも，実際の為替レートが購買力平価の示す理論値に近づいていくとすれば，

表13-1 エコノミスト誌によるビッグマック指数—2018年1月—

	（1）ビッグマックの国内価格	（2）購買力平価（PPP）で計算した為替レート	（3）2018年1月17日の現実の為替レート	（4）現実のレート（3）と購買力平価（2）が乖離している比率（％）	（5）2018年1月17日のドル為替レートで計算したビッグマックの価格
アメリカ	5.28ドル	—	—	—	（5.28ドル）
中国	20.4人民元	3.86	6.43	−40.0	3.17
日本	380円	71.97	110.73	−35.0	3.43
ブラジル	16.5レアル	3.13	3.23	−3.1	5.11
カナダ	6.55カナダドル	1.24	1.25	−0.8	5.24
ノルウェー	49クローネ	9.28	7.85	18.2	6.24
スイス	6.5スイスフラン	1.23	0.96	28.1	6.77

（注）表の説明は引用者が加筆した。
（出所）"Interactive currency-comparison tool：The Big Mac index" と題されたEconomist誌のホームページ，
http://www.ecor.omist.com/content/big-mac-index
に掲載されていた表より一部抜粋（2018年2月13日確認）。

為替レートは，1ドルあたり110.73円の現実値から71.97円への理論値へと円高ドル安に推移していく，と予想することが可能である。

〔表13-1〕では，購買力平価と実際の為替レートとが乖離している比率を第4列（4）に計算している。日本の場合，購買力平価よりも現実値が35パーセント円安になっている[1]。ブラジルやカナダといった国々では，購買力平価と実際の為替レートとの違いは10パーセント以下であり，他の国々よりも相対的に近い値を示していた。

中国では，ビッグマック指数から求めた購買力平価は1ドルあたり

---

[1] （71.97−110.73）÷110.73＝−0.35 となる。購買力平価と現実値の差を，現実値との比率で評価した数値である。

3.86 人民元であった。実際の為替レートは 1 ドルあたり 6.43 人民元であったので，人民元の実際の為替レートが安く評価されていたことになる。中国とは逆に，スイスやノルウェーといった国々では，自国通貨が高く評価されている。スイスでビッグマックを購入すれば，1 つ 6.5 スイスフランであり，アメリカでの 5.28 ドルから購買力平価を求めると 1 ドルあたり 1.23 スイスフランとなる。実際の為替レートは 1 ドルあたり 0.96 スイスフランであり，スイスフランが高く評価されていることになる。

〔表 13-1〕の第 5 の列（5）に示された数字は，ドルを各国の外国為替相場で各国通貨に両替して，ビックマックを買ったときに対応するドルでの値段を示している。もしも，アメリカでビッグマック 1 個に対して 5.28 ドルを支払っているアメリカ人が，中国に旅行してドルを 1 ドルあたり 6.43 人民元のレートで両替し，そしてビッグマック 1 個を購入したとすれば，中国国内でビッグマックを購入するときに支払う 20.4 人民元は，3.17 ドルに換算できる。つまり，中国では，アメリカよりも 2 ドル 11 セント安い価格でビッグマックを購入できる。アメリカ人がビックマックを中国で購入したときに安いと感ずるのは，中国での物価の安さと中国の通貨である人民元が安く評価されているという通貨の安さの双方が寄与していることになる。中国からアメリカにビッグマックが輸出されることはないが，もしも，輸出品目によって比較したとすれば，その輸出製品は通貨安の効果を伴った安い価格で輸出されることになる。

米ドルによって，スイスで販売されているビッグマックを評価すれば，6.77 ドルになるのであり，アメリカでのビッグマック価格である 5.28 ドルに比較して 1.49 ドル割高になっている。スイスの通貨であるスイスフランが高いとすれば，スイスからアメリカへの輸出は割高に感じら

れることになる。中国の場合とは逆の例である。

購買力平価の理論にはいくつかのメリットとデメリットがある。

第1のメリットは，為替レートの金額が計算されうる唯一の理論である，という点である。以下に説明する他の為替レート決定理論は，為替レートの変化の方向を示すことはできるが，金額としていくらになるのか，を説明することはできない。

第2のメリットは，長期あるいは超長期と呼ばれる長い計測期間についてみると，基準とみなしうる変化を示している，という点である。購買力平価は，10年程度の長期にわたる為替レートの推移を示すときに用いられる指標であり，2国間の貿易交渉が政策的な課題となるときにも，為替レートの過大評価，過小評価を判断する基準となっている。ここで，為替レートの過大評価とは，購買力平価で想定される為替レートよりも，実際の為替レートにおいて自国通貨が高く評価されていることを意味する。過小評価とは，その逆である。実際の為替レートは，外国為替市場において日々変化するが，長い期間で測定してみると購買力平価は一つの基準を示している。それは，世界各国を旅行するときに，日々の最高気温・最低気温といったデータの変化よりも，季節ごとの温度変化や温帯・熱帯・亜熱帯といった地域ごとのおおまかな差異を理解しておくことが，気温の変化を長期的に予測し，対応するのに役立つことに似ている。

購買力平価理論の限界もある。

第1に，財の価格は，時間単位ないし分単位で変化することは少ないので，短期的な将来の為替レート変動を予測する役にはたたない。

第2に，購買力の比較を行うときに，どのような指標で比較するべきか，という問題がある。購買力平価の計算のために消費者物価指数や輸出物価指数で比較する場合には，土地や株価といった資産価格を無視し

ていることになる。ホテルの宿泊料や病院での診察料といったサービス料金についても，購買力平価の対象として比較されることは少ない。非貿易財とよばれるような，貿易で交換されることのない財やサービスについて購買力平価が計算されることも少ない。また，以下で述べるように金利の比較を行ってもいない。

第3に，欧州連合（European Union，略称 EU）において導入されている法定通貨ユーロについてみると，EU 加盟国ごとに物価水準が異なるにもかかわらず，ユーロ対ドル，ユーロ対円などの外国為替レートはユーロ圏全地域を通じて同一である。購買力が異なるのに応じて為替レートが異なるという購買力平価の理論からすれば，ユーロを用いる国々の物価水準が異なるときには，単一の為替レートを維持することが困難であることになる。これは購買力平価という理論の限界を示すものかもしれず，逆に，超長期において有効な購買力平価理論の特徴から言えば，物価水準が大きく異なる国々を含めてユーロ通貨圏を維持することが困難であることを予測していることにもなりうる。

（2） 金利平価

購買力平価では物価を比較していたが，金利の比較によっても人々によって選好される外国通貨を示すことができる。これが金利平価（interest rate parity）の考え方である。金利平価の理論は，金利の異なる2国間を資金が移動することを前提とした理論である。

もしも，手持ち資金に余裕があって，アメリカと日本のどちらの国にも銀行口座があり，どちらかの国で預金を行おうと考えている，としよう。いま3か月間の銀行定期預金に対して，アメリカの銀行は2パーセント，日本の銀行では0.02パーセントの金利がつくとしよう。「あなた」は，どちらの国に預金するだろうか。

与えられている条件が金利の差だけであるとすれば，金利の高い国で

預金をしようとするはずである。すると，金利の高い国で預金を行うためには，その国の通貨を手に入れる必要がある。したがって，金利の高い国の通貨に対する需要が高まることが想定される。上記の例では，米ドルを手にいれるために日本円を売る，という行動が予想される。

　金利格差を外国為替レートの基本的な要因とみるのが金利平価の理論である。つまり，金利の高い国の通貨は，外国為替レートの価値を高める，と想定していることになる。ただし，金利平価からは，為替レートの金額は計算できない。上述の例で言えば，金利と元本を足し合わせると，アメリカの金利は1.02となり，日本では1.0002となるが，1ドルあたりの日本円を計算するために1.0002÷1.02という計算をしたとしても，購買力平価のように実際の為替レートの金額を求めることはできない。

　金利平価が意味を持つのは，為替レートの変化の方向性である。中央銀行による公定歩合の変更によって金利の格差が広がれば，金利の高い国に資金が流入するであろうという予測が生まれる。そうした予測の根拠となることに意義がある。この点は，オーバーシューティングとニュースの役割において，改めて説明する。

　金利平価によって為替レートを予測することの問題点としては，金利の差を選好するときに，将来にわたる為替レートの変化を読み込まなければならないことである。金利の高いアメリカに預金をしても，預金を引き出して日本円に換金するときに，為替レートが円高ドル安になっていたとすれば，円換算でみた金額は目減りしてしまう。

（3）　ランダムウォーク

　為替レートに関する第3の理論は，為替レートがランダムに変動する，というものである。ランダム（random）とは統計学の用語で，「無作為」と訳される。英和辞書では，「手当たりしだいの」，「でたらめの」，「行

き当たりばったりの」,「任意の」といった訳が示されている。ランダムウォークは統計学の用語であり,古い統計学の教科書では「酔歩(すいほ)」と訳された。酒に酔(よ)った人がふらふらと歩くのと同じように変化するという意味である。花粉を水に浮かべたときに,水分子に花粉が衝突して不規則に動く現象をブラウン運動と言うが,ランダムウォークの考え方は自然科学において開発されたのちに経済現象の説明に応用されたのである。

　為替レートが「でたらめ」に変化するのであれば,そもそも理論として意味がないのではないか,と考えられるかもしれないが,為替レートをランダムウォークとして捉えることには少なくとも2つの意味がある。

　第1に,ランダムウォークが無作為な為替レートの変化であるとしても,ある変化の範囲が存在するならば,「でたらめ」のなかに規則性があることがわかる。第2に,購買力平価や金利平価のように,特定の指標をもってしては為替レートの実際の変化を説明しきれない,という現実からの要請がある。為替レートの変化をみると,必ず,細かなジグザグの通貨価値変動を示しているが,その細かな変動は,一定期間の値が安定している物価や金利からは説明できない。

　ランダムウォークにおいても「ある変化のルール」を想定することができると述べたが,この場合の「ある変化のルール」とは以下のようなものである。まず,時点 t_0 から t_1 への時間の推移に応じて,為替レートが上がる確率が2分の1,下がる確率が2分の1と考える。また,円ドル為替レートであれば,この時点 t_0 から t_1 までの間に,1ドルあたり a 円の変化が起こると仮定する。たとえば,時点 t_0 から t_1 を1分として,a 円を 0.1 円,つまり 1 ドルあたり 10 銭の円ドル為替相場の変化と仮定する。

もちろん，ここでは説明を簡単にするために時間単位と金額の変化を任意に設定しているが，時間単位の幅を長く捉えれば，変化の幅が大きくなることも説明できる。つまり，1分あたり10銭の変化をするのであれば，1時間後には，その60倍である6円の変化をすると想定することもできる。

　〔図13-1〕では，時間tが1分ごとに変化するときの為替レートの変化を示している。枝分かれしていく1本の線が1分の時間経過を示している。1ドル100円から動き出した為替レートは，1分後には100.10円か，99.90円に変化し，2分後には，さらにその価格から0.1円ずつ上下いずれかに変化していく。1分後に100.10円に変化した場合には，2分後に100.00円ないし100.20円に変化する。1分後に99.90円に変化した場合には，2分後には99.80円ないし100.00円に変化する。3分後には，1ドル100.30円から99.70円までの幅で変化すると予測される。

　こうした例示が恣意的に感じられる読者は，時間単位と為替レートの変化を，任意の時間ないし任意の金額に設定してよい。ここで重要なのは，為替レートが上がるか，下がるか，という変化を現時点で予測すれば，そこに確率の考え方を応用できる，という点である。購買力平価や

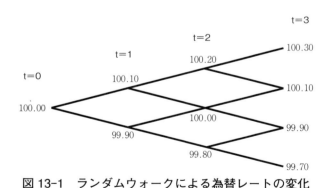

図13-1　ランダムウォークによる為替レートの変化

金利平価には，そうした考え方はなかった。

〔図13-2〕には，1分ごとの変化の確率を示した。1ドル100円から，1分後に100.10円に変化する確率が2分の1，99.90円に変化する確率が2分の1である。さらに1分が経過して初期時点から2分後になると100.20円に変化する確率が初期時点からみて4分の1，99.80円に変化する確率が同じく4分の1である。1分後の100.10円から2分後に100.00円に下がる確率が4分の1であり，1分後の99.90円から100.00円に上がる確率が4分の1なので，それらを合計すると4分の2（2分の1）となる。

3分後には，100.30円から99.70円までの円ドル相場の幅があり，予測される最高値と最安値の確率は8分の1（0.125），中央の2つの値である100.10円ないし99.90円をとる確率は8分の3（0.375）ずつである。こうした変化のパターンは，統計学においては二項分布と呼ばれている。

このようにランダムウォークは「でたらめ」なのではなく，統計学的な無作為標本抽出の理論に近いものであることがわかる。無作為標本抽出とは，つぼの中に赤い球と白い球が入っていて，1回に数個ずつ取

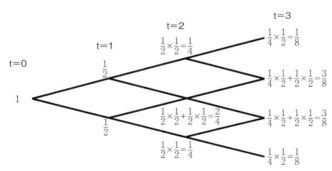

図13-2　ランダムウォークの確率

り出したときに，つぼの中には，どのような比率で赤い球と白い球が入っていると推定できるか，といった問題を考える理論である。この例でいう赤い球と白い球は，為替レートの上昇と下落に対応している。

ランダムウォークの理論は，為替レートの値を単一の金額で示すものではなく，ある確率的な幅で示すものである。ある時点で，円ドル為替相場が1ドルあたり100.00円であるとしたら，3分後に円ドル為替相場が100.10円から99.90円の幅に入る確率は8分の6（75パーセント）である，と予測できる。こうした予測のための表現は，天気予報の降水確率に近いと感じられるかもしれない。

（4） オーバーシューティングとニュースの役割

ある時点で，円ドル為替相場が1ドルあたり100.00円であるときに，1分後に100.10円になったり，99.90円になったりする理由は何だろうか。ランダムウォークが発生する背後には，為替相場に対する人々の期待がある。ある人は，将来，さらに円安が進むと考えて1ドル100.10円でも円を買おうとし，別の人は，円高ドル安を予測して99.90円で円を買おうとする。

こうした人々の期待に大きな影響を与えるのがニュースの役割である。金利平価説が重要なのは，実際の金利水準の格差だけでなく，金利が変更になったというニュースが，人々の投資行動に変化を与えると予測され，さらに，その予測のもとに為替相場での投機が行われるからである。

アメリカの連邦準備制度理事会がアメリカ国内金利の引き上げを発表したとしよう。そのとき日本の国内金利を代表する公定歩合が一定であるとしよう。この場合，日米間の金利格差が広がるために，日本からアメリカに資金が移動すると予測される。日本円をドルに替えて，ドルで預金したほうが日本円での預金よりも利子率が高いからである。多くの

人々がドルを買おうとするので,こうした状態では,ドル需要が高まる,という。

　人々は,アメリカ国内金利の引き上げというニュースに接して円安ドル高になることを予測する。この予測に対して多くの人々が反応して,円を売り,ドルを買おうとすれば,金利水準の変化以上に為替レートは急激に変化することになる。このような急激な変化のことをオーバーシューティング（overshooting）といい,動詞的には「オーバーシュートする」と言う。

　〔図13-3〕には,オーバーシューティングが起こる理由を図解している。ここでは,ミクロ経済学で想定される需要曲線と供給曲線が描かれている。円とドルの為替相場を例にとろう。右下がりの曲線はドルの需要曲線であり,人々が円を支出して,ドルを購入したいと考える傾向を示している。〔図13-3〕の縦軸は,「ドル／円」を示しているので,1ドルを買うのに必要な円の額が下がれば下がるほど,つまり,円高ドル安になればなるほど,多額のドルを一定額の円で購入したいと考える人が増えるはずである。右上がりの曲線はドルの供給曲線である。1ドルあたりの円の値が上がれば上がるほど,つまり,円安ドル高になるほど,ドルを売って円に交換したいと考える為替取引業者は増えるはずである。需要曲線と供給曲線の交点 E_0 が初期の均衡（equilibrium）であり,そこで外国為替市場での取引数量と価格が決定される。

　いまなんらかの理由によってドルへの需要が高まったとしよう。その理由は,たとえば,日米間の金利格差が広がることが予測されるという報道に対して,人々がドル買いに走った,といった状況でもよい。ドル需要の高まりは需要曲線の上方シフトとして表される。〔図13-3〕には,上方にシフトした需要曲線が描かれている。本来ならば,この上方にシフトした需要曲線と供給曲線の均衡点 E_2 で新たな価格（為替レー

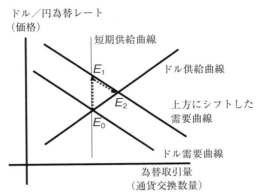

図 13-3　オーバーシューティング

（出所）筆者作成。

ト）と数量が決定されるはずである。しかし，人々の需要が高まっても，ドルの供給は短期的には増加しない。つまり，ドルを売りたいという人が，ドルを買いたいという人が望むよりも少額のドルしか外国為替市場に売りに出さない。したがって，〔図13-3〕に垂直に描かれている短期供給曲線に従ってドルの円に対する為替価格が上昇してしまう。短期的には交点 E_1 に価格が上昇し，その後，ドルの供給が可能になると交点 E_2 まで価格が低下する。価格が交点 E_0 から交点 E_1 に上昇する現象をオーバーシューティングと呼ぶ。

オーバーシューティングは，為替レート以外の財の取引でも観察される。投機，つまり，売却を目的とした特定の財への需要の高まりは，オーバーシューティングの原因となる。投機には，2つの方法がある。第1は，将来の値上がりを期待して多額の商品，通貨，株などを買うことである。値段の安いうちに購入して，値上がりしたときに売却する。投機をする人の中には，借金をしてでも値上がりの期待できる商品や通貨，株を買う場合がある。第2の方法は，商品，通貨，株などの値段が

高いうちに，その商品や通貨ないし株などを借り，直ちに売却して現金にしてしまい，値段が安くなったときに借りたのと同じ種類の商品や通貨，株などを買い戻して借り入れ利子分の金額とともに返済する，という方法である。この第2の方法のことを「カラ売り」と言う。自分では商品・通貨・株などを保有せずに，借り入れておいて売却してしまうことを指している。

　第1の方法は，商品，通貨，株などの価格が上昇する局面での投機である。第2の方法は，それらの価格が下落する局面での投機である。外国為替市場でも通貨価値が変動すると予測されるときには投機が行われ，為替レートの急激な乱高下を引き起こす原因となる。

《学習課題》

1．本章を最初に読んだ年月日の円ドルレート，円ユーロレート，円と韓国ウォンのレート，円と中国・人民元のレートを調べてメモしておこう。そのとき，1か月後，2か月後，3か月後，1年後のレートを予測して記載しておこう。その際，為替予測の根拠についてもメモを残しておこう。1か月後，2か月後，3か月後，1年後のそれぞれの時期に現実の為替レートを確認し，予測と実際の為替レートとの差を計算してみよう。また，予測とのずれが生まれた理由について文章にまとめてみよう。
2．新聞記事では，為替レートの変動と株価の変動に，どのような理論的関係が想定されているか，読み取ってみよう。また，その想定の理由を考察してみよう。
3．海外旅行をしたときに，ビッグマック指数に代わる独自の購買力平価指数を計算してみましょう。コカコーラ指数，スターバックス指数，ケンタッキー・フライドチキン指数などの購買力平価を旅行先の値段から計算し，現実の為替レートとの差を計算してみよう。その計算結果から，将来の為替レートを予測してみよう。

参考文献

　本章は原田順子・洞口治夫『新訂　国際経営』(2013年，放送大学教育振興会)の第7章「国際経営と外国為替レート」(洞口治夫)を基に，加筆修正したものである．

- Daniels, J. D., Radebaugh, L. H., and Sullivan, D. P. (2019) *International Business : Environments & Operations*, 16th edition, Harlow, England: Pearson.
- Eiteman, D. K. Stonehill, A. I., and Moffett, M. H. (2016) *Multinational Business Finance*, 14th edition, Essex：Pearson Education.
- 河合正弘・翁邦雄・須田美矢子・村瀬英彰 (1993)『ゼミナール国際金融―基礎と現実―』東洋経済新報社.
- 須田美矢子 (1996)『ゼミナール国際金融入門』日本経済新聞社.

14 | 国際化と日本的人事慣行

原田順子

《目標＆ポイント》 最初にわが国の人事慣行の特徴について日本的職務観から学習する。日本的な職務観は長期的に OJT により技能を獲得するには適しており，日本企業は人材の内部育成を重視している。章の後半では，人事管理は社会経済的環境と密接にかかわるため，日本とは諸事情の異なる海外において日系企業は現地化がある程度必要であることを理解する。
《キーワード》 職務設計，職務転換，職務充実，内部人材育成，種まき型，刈り取り型

1. 日本的職務観

(1) 職務と分業

　経済活動における職務分業の議論は古く，18世紀の経済学者アダム・スミスはピン製造の工程を分業することにより作業効率が高まると指摘している。近代的な組織では，部門，意思決定，管理の幅（統制範囲）などにおいて，効率的な分業は何かということが課題になる。分業は効率性を高めるが，行き過ぎると単調さのためにモチベーションが下がったり，関連職務に従事する人とのコミュニケーションが煩雑になったりという逆効果が見られる。そこで，より良い分業のあり方を求めて職務設計（job design）の見直しが行われる。その手法としては，職務転換（job rotation），職務拡大（job enlargement），職務充実（job enrichment）の 3 種が挙げられる（上林，2007）。
　職務転換は，別の仕事を行うことで新たな刺激を得て，反復による

「飽き」を解消することが期待される。職務拡大とは、仕事の範囲を拡大し、担当者に自己の判断で手順を決定させることを指す。最後に、職務充実は上方向への職務拡大で、より難しい仕事を兼任することで能力開発にもつながる。これらは〔図14-1〕にみられるように、分業を緩めることと関連している。しかし、分業を緩めすぎると、分業により高まるであろう作業効率が犠牲になるので、効率的に組織を運営するには適正な程度の分業が求められる。

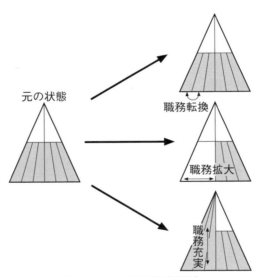

図14-1　3種の職務設計

（注）沼上幹（2004）『組織デザイン』日本経済新聞社、p.80を参考に上林（2007）が作成。
（出所）上林憲雄（2007）「社員は仕事をどのように分担しているのか」上林憲雄・奥林康司・團泰雄・関本浩矢・森田雅也・竹林明『経験から学ぶ経営学入門』第8章、有斐閣、p.196。

（2） 日本の職務観

　ところで，日本企業の分業は緩いと言われている。有力な理由としては，日本は集団主義文化であるから各自の職務を厳格に定めないという説がある。「緩い分業」という職務・組織のあり方が，長期雇用の慣行を背景に念入りな教育訓練制度を可能にし，生産現場において複数の職務をこなせる多能工を生み，1980年代には単能工中心のアメリカの製造業に大きな差をつけたと考えられている（上林，2007）。なお，職務の範囲が明確ではないということは，ホワイトカラーについても言われている。

　われわれは海外の異質な雇用管理に出会うことで，改めて日本型の特色を認識する。10年間，日本企業のアメリカ法人の幹部として勤務した後藤（1997）は，日米の人事慣行の違いに以下の2つのカルチャー・ショックを受けたという。第1に，日本では人事部門に採用の権限が集中するが，アメリカでは直属の上司になる人が候補者を面接する。その際，職務記述書（job description）に示された義務と権限，業務目標，報酬は一つのパッケージとして示され，調整して合意にいたったら採用となる。通常，日本企業では，新卒の初任給は学歴別（コース別人事制度の場合はコース別）に横並びで，配属されるまで自分の職務が明示されないことは珍しくなく，中途採用の場合も含めて職務記述書を提示するという習慣はみられない。アメリカとの対比は際立っており，後藤（1997）がショックを受けるのは無理もないであろう。また，日米複数の企業に勤務した中島（2008）は，日本国内にあっても外資系企業では，日本企業と比較して職務，期待値，成果評価が明確であると論じている。

　第2に，日本では上司が行う人事評価は点数のみであり報酬決定の権限は人事部門にあるが，アメリカの人事評価は報酬金額の交渉と等しいため激論になったという。同様に加藤（2002）は，いくつかのアメリカ大企業の事例研究から，人事部は人事の決定に直接関与せず，職務教育

など人事関連の制度を整備する役割を果たす部門であると分析する。

　さて，第1の点，すなわち日本企業における職務について，さらに考えて行きたい。世界各地の日本企業を調査した石田（1994）は，欧米でもアジアでも多くの日本人マネジャーが「この国の人間は気が利かない，言われたことしかしない，自発性に乏しい」（石田，1994，p.8）と口にするのを聞き，日本人の職務観の方こそが変わっていると認識するにいたった。日本人の職務観は柔軟で区分が大まかであり，〔図14-2〕にあるように，白丸で表わされた部分だけが個人に割り振られており，黒い部分の境界領域を助け合いにより埋めることが期待されている。対照的に外国の場合，個人の職務の境界は比較的明確であると考えられる。この概念図は，多くの日本企業で職務の境界が問題になることはなく，むしろチームワークで助け合うことが求められるという実情と一致するであろう。前述の〔図14-1〕に倣えば，日本企業の特徴は職務拡大と職務充実が活発に行われていると言える。

　日本の労働者の「職務の曖昧さを補う気配りのよさ」（小池，1993，p.54）は職種を問わず議論されてきた。こうした特徴は企業内における

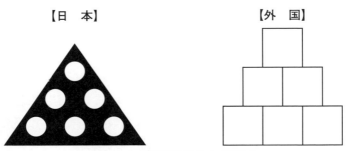

図14-2　職務の考え方の違い

（出所）石田英夫（1994）「日本企業のグローバル化と国際人事の基本問題」石田英夫編著『国際人事』中央経済社，p.7。

長期的なOJT (on-the-job training) により獲得されることが一般的である。また，職務の曖昧さを補うためには，多能工的に，複数の職務に通じている（あるいは異動することに抵抗をもたない）ことが前提条件になる。

日本では「就職する」のではなく「就社する」という表現がある。大企業では4月に新卒を一括採用する慣行があるが，配属は入社後に知らされることが一般的である。理系出身であっても，技術系の職場に配置されるとは限らず，営業を務める場合もある。職種間の機能的柔軟性は，ホワイトカラー，ブルーカラーという大きな区分のみではなく，営業・経理など細かい区分についても職務転換（〔図14-1〕参照）が観察される。では，なぜ日本ではこのようなことが可能なのであろうか。

2. 長期雇用と内部育成

職務転換，職務拡大，職務充実を自在に行うことが可能なのは，第1に雇用が長期的であるからである。もし短期雇用が前提であれば，会社が社員に対して積極的にOJTをほどこすことは教育費用の浪費につながる。〔図14-3〕に見られるように，外国と比較して日本の勤続年数は長いほうである。特に，アメリカの平均勤続年数は6年と短く，日本の12年とは対照的である。それゆえ，日本の企業が必要な人材を市場から調達する（buy）のではなく，内部で育成する（make）という傾向は合理的であり，実際，内部昇進は珍しくない。

佐藤（2002）は，日独米のホワイトカラー人材の調達源について興味深い国際比較を実施した。この調査は3か国の人事，営業，経理部門の部長，課長がどのような転職歴，部門経験を持つのかを明らかにした。調査対象者の特徴を紹介する。なお，学歴については，日本とアメリカの回答者は大卒以上が8割を超えるが，ドイツは短大卒以下が4割に達

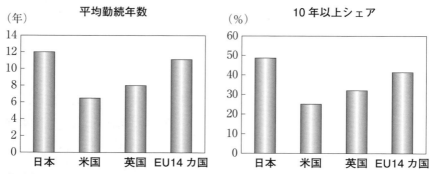

(備考) 1. 厚生労働省「賃金構造基本統計調査」, Peter Auer, Janine Berg and Ibrahim Coulibaly, 2004, "Insights into the tenure-productivity-employment relationship", Employment Analysis and Research Unitにより作成.
2. 平均勤続年数は, 日本2005年, 米国1998年, 英国・EU14カ国2002年のデータ. 勤続者10年以上の従業員の割合は, 日本2004年, 米国2002年, 英国・EU14カ国2002年のデータ.

図 14-3　国別勤続年数比較

(出所) 労働政策研究・研修機構（2008）『データブック国際労働比較（2008年版）』, p.123.

する。また、アメリカの回答者は大学院以上の学歴をもつ人が目立つ。次に、調査対象者の属する企業規模（従業員数）は、アメリカで大きく、日本がそれに続き、ドイツは999人以下が多い。さらに業種については、アメリカでは非製造業の割合が高い。

〔表14-1〕は、佐藤（2002）の調査回答者が現在の会社を含めこれまでに勤務した企業数をまとめたものである。これによると日本の部長・課長の8割が生え抜きである。対照的に、アメリカの部長・課長の8割が転職経験者である。興味深いことに、日本とアメリカの「現在の会社のみ勤務」対「他社勤務経験あり」の比率は、日本が8対2、アメリカが2対8と、ちょうど逆転している。ドイツの比率はおよそ3対7で、アメリカと同様に、生え抜きではない人が部長・課長の多数派と

表 14-1　現在の会社を含めこれまでに勤務した企業数

(%)

	日　本 計 (1567人)	アメリカ 計 (752人)	ドイツ 計 (674人)	うち規模 1,000 人以上 (424人)
現在の会社のみ勤務	81.5	18.1	28.3	33.0
他社勤務経験あり計	18.2	81.8	70.3	65.8
2　　　　社	13.3	27.3	23.9	23.6
（3社以上の合計）	(4.9)	(54.5)	(46.4)	(42.2)
3　　　　社	3.5	23.3	24.9	22.4
4　　　　社	1.0	15.6	11.9	11.1
5社以上	0.4	15.6	9.6	8.7
無　　回　　答	0.2	0.3	1.3	1.2

(出所）佐藤博樹（2002）「キャリア形成と能力開発の日独米比較」小池和男＝猪木武徳編著『日米英独の比較：ホワイトカラーの人材形成』第 10 章, 東洋経済新報社, p. 251。

なっている。したがって，日本では基幹人材（管理職）を社内で育成（make）するのに対して，アメリカとドイツでは中途採用する，つまり市場で調達（buy）するほうが一般的であることが示された。

　人材を内部育成する（make）のか，外部の労働市場から調達する（buy）のか，この例をみると人事の原理が日米で異なるように思える。伊丹・加護野（2003）も人事の根本原理が日米で異なると論じ，日本の人事を「種まき型」と評している。すなわち，人事の方針決定の起点が「配置」にあり，「育成」「選抜」という順になるのである。対照的に，アメリカ等の人事は「刈り取り型」というべきで，職務に応じた「選抜」が起点となり，「配置」「育成」と回転するという（伊丹・加護野, 2003）。言うまでもなく，「種まき型」の収穫には時間がかかるため，長期的な雇用慣行が人材育成と選抜の前提となっている。

3. 日本的特質と評価システム

　人材の内部育成に関しては，内閣府（2006）の調査において，「職業人としての専門的知識・技能は主に仕事を始めてから獲得した」と回答した人が大半であり，前述の日本的特徴が確認される。人材を育てる（make）のか調達する（buy）のかは，雇用保障の強さ，良好な雇用を提供する企業（主に大企業）が生え抜き志向か否か，良好な雇用機会が転職で得られる確率など様々な社会経済的環境と関連する問題である。人事管理は環境条件が鍵となる。企業内の経営上の特質や労使関係，企業外の法制度，労働市場，労使関係，製品・サービス市場のあり様が人事管理に影響を与える。さらに言えば，組織は社会制度や社会規範にも影響を受ける（横山，2001）。

　さて，もし自国の人事管理システムが世界標準に近いのならば，企業が多国籍化する際，現地における摩擦は少ないであろう。しかし，日本のように，自国の人事管理システムが世界的にみて特徴のある型である場合，何らかの現地化が迫られる。なかでも人事管理の要諦である人事評価システムの再考が促される例が観察されている。

　人事評価システムは，〔図14-4〕のように人事の基盤システム（社員区分制度と社員格付け制度）と人事管理（雇用管理，就業条件管理，報酬管理）を結びつける役割を果たしている（中央職業能力開発協会・今野，2007）。どのような人材を高く評価するのかということは，その組織が目指す方向を社員に発信することになる。評価基準を示すことは経営者が社員に何を望んでいるのかを指し示すことに等しいのである。

　日系企業のアジア進出先に詳しいコンサルタントの内村（2011）は，中国，インドにおいて日系企業勤務の現地社員が日本的な評価基準がどのように受け止められるか紹介している（ただし，アジアは多様性があ

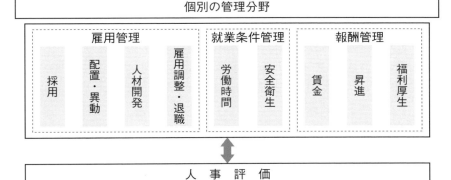

図 14-4　評価システムの役割

（出所）中央職業能力開発協会・今野浩一郎（2007）『ビジネス・キャリア検定試験標準テキスト：労務管理3級』中央職業能力開発協会，p.7。

り，たとえばタイ人従業員は異なる指向を有するであろう）。中国人社員は，評価基準の「明確さ」「客観性」「評価と報酬のリンク」等を期待する。これに対する日本人幹部は，「目標設定時に明確にしきれない業務の評価」「チームワーク」「（顕在化した成果のみではなく）個人の能力の伸びしろ」「社員間の報酬格差のバランス」等にこだわりを見せる。また，インド人従業員も明確な職務，その成果を反映した報酬を期待するという。中国，インドにおいては，個人主義が前提で，頻繁な転職がみられるため，日本から異動してきた日本人よりも，アメリカ・ヨーロッパから異動してきた日本人管理者のほうが適合すると言われる（内村，2011）。笹島（2008）によると，アメリカ企業においては次の3原則が重要視される。すなわち，①内的公正の原則（企業にとっての職務の重要度を反映した賃金。その手続きとして職務評価がある），②個人間公

正の原則(個人別の業績が賃金に反映される),③外的公正の原則(職務という観点から世間相場の賃金)である。これらの原則は前述の中国人,インド人従業員の要望と同質と考えられよう。中国,インド人従業員の評価意識は,「アメリカ企業の賃金決定3原則」(笹島,2008)に適合的であるから,このことからも欧米勤務を経験した日本人のほうが中国,インドによく適応するということが理解できる。

　中国人,インド人従業員が上記のような評価基準を求めることは,以下のようなキャリア意識の現れと分析される(内村,2011)。中国人は報酬と評価に納得できる良い環境(キャリア)を求め,インド人は自己の市場価値(能力・スキル)を高めるために転職をするという面がある。もちろん日系企業は進出先で生産性をあげて成功している例が多い(例:小池(2008)の調査は,タイ,英,米において日系企業が生産現場・生産管理者の人材マネジメントで成功を治めていることを報告している)。したがって,日本企業が海外進出先で人事管理に失敗していると論じているわけではない。ただ,内村(2011)が「評価」に関して論じた点は,人事管理が現地の社会制度,労働市場のあり方等の諸条件と密接な関係があることを意味する人材育成(キャリア,スキル形成)の国際的差異にも関わる重要な議論である。日米の大手電気通信産業を研究した本田(2002)は,スキル形成に関して,日本では企業内の「現場経験」,「組織階層間移動」が最も強く意識されているが,アメリカでは「学校教育」と企業内での「クロスファンクショナル・チーム」(部門横断的協働経験)が重視されていると,日米の違いを指摘している。

《学習課題》
1．職務の範囲が明確な場合に，どのような長所と短所があるでしょうか。また，チームワークを重視することにはどのような長所と短所があるでしょうか。
2．どのような「評価制度」が理想的でしょうか。また，それは技能（スキル）の向上に結びつくでしょうか。

《引用文献》

本章は原田順子・洞口治夫『新訂　国際経営』（2013年，放送大学教育振興会）の第13章「日本的の人的資源管理と国際化」（原田順子）を加筆修正したものである。

・石田英夫（1994）「日本企業のグローバル化と国際人事の基本問題」石田英夫編著『国際人事』第1章，中央経済社．
・伊丹敬之・加護野忠男（2003）『ゼミナール経営学入門　第3版』日本経済新聞社．
・内村幸司（2011）「海外における評価基準と評価制度のマネジメントへの展開：中国における事例を中心に」，『日本労働研究雑誌』no. 617，pp. 56-64．
・加藤隆夫（2002）「大企業におけるキャリア形成の日米比較」小池和男＝猪木武徳編著『日米英独の比較：ホワイトカラーの人材形成』第12章，東洋経済新報社．
・上林憲雄（2007）「社員は仕事をどのように分担しているのか」上林憲雄＝奥林康司＝團泰雄＝関本浩矢＝森田雅也＝竹林明『経験から学ぶ経営学入門』第8章，有斐閣．
・小池和男（1993）「日本企業と知的熟練」伊丹敬之＝加護野忠男＝伊藤元重編『リーディングス日本の企業システム3：人的資源』第2章，有斐閣．
・小池和男（2008）『海外日本企業の人材形成』東洋経済新報社．
・後藤俊夫（1997）「多国籍企業の組織文化」高橋伸夫編著『組織文化の経営学』第2章，中央経済社．
・笹島芳雄（2008）『最新　アメリカの賃金・評価制度：日米比較から学ぶもの』

日本経団連出版.
- 佐藤博樹（2002）「キャリア形成と能力開発の日独米比較」小池和男＝猪木武徳編著『日米英独の比較：ホワイトカラーの人材形成』第10章, 東洋経済新報社.
- 中央職業能力開発協会・今野浩一郎（2007）『ビジネス・キャリア検定試験標準テキスト：労務管理3級』中央職業能力開発協会.
- 内閣府（2006）『平成18年版　経済財政白書』国立印刷局.
- 中島豊（2008）「ワークライフバランスが実現したら日本の企業社会はどう変わるか？」『季刊労働法』, 220号, pp.36-63.
- 本田（沖津）由紀（2002）「電気通信企業の日米比較」小池和男＝猪木武徳編著『日米英独の比較：ホワイトカラーの人材形成』第7章, 東洋経済新報社.
- 横山知玄（2001）『現代組織と環境の組織化』文眞堂.
- 労働政策研究・研修機構（2008）『データブック国際労働比較（2008年版）』.

15 | 組織管理の国際潮流

原田順子

《目標＆ポイント》 組織管理面の国際的な潮流は西洋諸国が主導しているが，わが国企業（特に多国籍企業）も影響を受けて変化してきた。最初に，アメリカから世界に広まったダイバーシティ・マネジメント（多様な人材の管理）について起源と概念を解説する。それを踏まえて，女性活躍が中心の日本型ダイバーシティ・マネジメントの理解を深めるとともに，LGBT に対する社会の変化と企業動向に関しても説明する。最後に，多国籍企業が配慮すべき今日の企業倫理の視点を整理する。

《キーワード》 ダイバーシティ・マネジメント，公民権法第 7 編，男女雇用機会均等法，LGBT，企業の社会的責任（CSR），経営倫理

1. ダイバーシティ・マネジメント（多様な人材の管理）

（1） 起 源

2000 年代以降，わが国ではダイバーシティ・マネジメント（多様な人材の管理）という用語をしばしば耳にするようになった。『日経連ダイバーシティ・ワーク・ルール研究会報告書』（旧・日本経営者団体連盟，2003）によると，ダイバーシティとは「従来の企業内や社会におけるスタンダードにとらわれず，多様な属性（性別，年齢，国勢など）や価値・発想をとり入れることで，ビジネス環境の変化に迅速かつ柔軟に対応し，企業の成長と個人のしあわせにつなげようとする戦略」と定義される。経営の観点から，経済発展のために多様な人材を活用する意味があるというのである。また，障がいをもつ人々を含めて，多様な人々に社

会的機会を平等に開き，より多くの人々が自らを活かす可能性を広げられるような社会制度としてダイバーシティの推進を提唱するという考え方（山口，2008）もある。

人事におけるダイバーシティ・マネジメントは英語 diversity に由来することからもわかるように，外国（特にアメリカ）に起源をもつ概念である。アメリカのダイバーシティの起源は，上述のような経営効率のためではなく，平等雇用の概念（Equal Employment）の法的な導入であった。公民権法自体は 19 世紀から存在するが，1964 年に公民権法第 7 編が可決され，雇用における差別禁止規定が盛り込まれた。この条項はほとんどの組織に適用され，人種，肌の色，宗教，性，出身国に基づく雇用差別が禁止された。その後も雇用機会の平等は，大統領命令（11246，11375。政府の契約者の労働力構成に女性や人種や少数民族等を含むことを立証する要求をすることで前もって差別を排除する。affirmative acticn。）により強化されたり，ベトナム戦争時の復員者の差別禁止（1974 年，ベトナム時代復員者調整法）によって対象が拡大されたりした。また，移民（移民改革規制法），ジェンダー（同一賃金法，妊娠差別禁止法），年齢（年齢差別禁止法，高齢者恩典保護法），障がい者（1973 年障がい者リハビリ法と 1974 年職業復帰法，障害をもつアメリカ人法）など，雇用差別に関する法律が次々と制定されていった。

アメリカは法的な地方分権度が高いので，州や市による差異があるが，次のような点が保護の対象になると認識されている（マティス，ジャクソン，2008，p. 50）。

【保護の対象として認識される点】
- 人種，民族的出身，肌の色（アフリカン・アメリカ人，ヒスパニック・アメリカ人，ネイティブ・アメリカ人，アジア系アメリカ人）
- 性／ジェンダー（妊娠した人を含む婦人）

・年齢（40歳以上の個人）
・障がいをもった個人（身体的あるいは精神的）
・軍隊経験（ベトナム戦争時の復員軍人）
・宗教（特定の信念や慣習）
・婚姻状況（州による）
・性的指向（州や市による。たとえば同性愛者への差別禁止。）

　1964年以降のアメリカにおいては，平等雇用の法的枠組みの中で雇用者の多様性が保護の対象となった。アメリカ企業は「マイノリティの昇進の道が閉ざされている」という批判にしぶしぶ対処してきたのである（谷口，2005）。しかし1990年代以降は多様な市場に対して，多様な労働者が有効であるという積極的な解釈が生まれ，多様性の管理（ダイバーシティ・マネジメント）はアメリカ企業にとって重要な課題として徐々に浸透していった。

　そのきっかけとなったのは，1987年に米国労働省が発表した『Workforce 2000』であった。このレポートは将来のアメリカにおいて，高級品や便利なサービスなどへの需要の変化（数学，言語，論理スキルを持つ，高い教育を受けた労働力による労働集約型の産業）が起きると指摘するものであった。同時に，労働構成上の変化（人口増加率の鈍化，高齢化，移民の増加）が進むため，主要人材とされてきたアメリカ出身の白人男性だけでは手が足りず，それ以外の人々の人材開発の必要性が強調された。このレポートを重く受けとめた企業は，ダイバーシティ・マネジメントに積極的に取り組むようになった（谷口，2005）。統計的にみても，〔表15−1〕にみられるように，女性比率の上昇と白人比率の下降が予測され，企業において従来の白人男性中心のマネジメント体制に限界が訪れることを，経営者たちは真剣に危惧したに違いない（有村，2007）。

表 15-1 米国の人口構成の変化

(単位千人, %は除く)

年	全労働力 (注2)	性別				人種・民族別 (注1)				
		男性		女性		白人		黒人		ヒスパニック
1950	62,208	43,819	70.4%	18,389	29.6%	― (注3)	―	―	―	―
1960	69,628	46,388	66.6%	23,240	33.4%	61,945	88.9%	―	―	―
1970	82,771	51,228	61.9%	31,543	38.1%	73,556	88.8%	―	―	―
1980	106,940	61,453	57.5%	45,487	42.5%	93,600	84.6%	10,865	9.8%	6,146	5.6%
1990	125,840	69,011	54.8%	56,829	45.2%	107,447	81.5%	13,740	10.4%	10,720	8.1%
2000	142,583	76,280	53.5%	66,303	46.5%	118,545	78.2%	16,397	10.8%	16,689	11.0%

(注) 1. ヒスパニック系アメリカ人は，あらゆる人種で重複して計算されている可能性があるため，白人，黒人，ヒスパニック系の各労働力の合計数は，全労働力数と一致しない。そのため人種・民族別の構成比は，白人，黒人，ヒスパニック系の各労働力を3集団の総数で割ることにより算出した。
2. 全労働力数は男性と女性の合計により算出。
3. ―はデータなし。
(U. S. Census Bureau (2005) p. 372. No. 571. (1971) p. 211. No. 328 より有村が作成。)
(出所) 有村貞則 (2007)『ダイバーシティ・マネジメントの研究』文眞堂, pp. 35-36。

　次に，ダイバーシティの分類軸としてはどのようなものがあるか紹介する。前述した，性／ジェンダー，年齢，障がいの有無，軍隊経験，宗教（特定の信念や慣習），婚姻状況，性的指向のほかにも，多くの事項が挙げられる。たとえば，勤続年数，勤務体系といったものも，雇用者の区分においては無視できない。多様な分類軸が存在するが，一例として属性，人事・組織面の仕組み，生活様式，個人の価値観による分類を〔表15-2〕に示した。

(2) 日本のダイバーシティ・マネジメント

　前述のように，アメリカにおけるダイバーシティ・マネジメントは，人種差別の撤廃という社会的課題から始まった。差別を是正するための積極的格差是正措置（affirmative action）という取り組みがあるなか，

表15-2　ダイバーシティの分類軸の例

外形的な，いわゆる「属性」で分類しうるもの	人種，国籍，居住地，性別，年齢，教育，母国語，未既婚，身体的特徴など
企業における人事・組織面の仕組みに基づくもの	所属等級，収入レベル，スキルレベル，勤続年数，勤務形態，所属部門など
生活全体の様式や生き方に関係するもの	家族構成，ライフスタイル（例：週末の過ごし方），夫婦の役割分担など
個人の中に存在し，全容がみえにくいもの	価値観，宗教，信条，性格，性的志向，コミュニケーションのとり方など

（出所）マーサージャパン with C-Suite Club（2008）『個を活かすダイバーシティ戦略』ファーストプレス，pp. 182-183 の記述から筆者作成。

1990年代には社会経済環境の変化からダイバーシティの管理（マネジメント）が注目を集めた。

それに対して日本のダイバーシティ・マネジメントは，特に女性活用の促進という意味合いが強い。「わが国の少子高齢化は進展しており，将来にわたり労働供給が減少することが明らかである。したがって，女性の活用が必要である」という論法がしばしば聞かれるが，その他にも女性活躍推進の正当性に関して多彩な議論がある。谷田部（2017）の整理によると，女性活躍推進の意義としては，①少子高齢化による人手不足対策，②女性ならではの優れた能力やセンスの有効利用，③ダイバーシティの観点（女性という個性を否定せずに社会的に能力を発揮することに正当性を認め，かつ個性を積極的に活用することで企業業績向上を目指す），④憲法の保障する基本的人権の尊重，が挙げられる。

わが国における女性活躍推進は国際経営の観点からも重要な課題の一つと考えられる。多国籍企業では国際業務を円滑に担う資質（マインドセット，課題解決能力，語学力等）を有する人材（海外派遣者）が恒常

的に不足している（日本貿易振興機構，2017）。従来のように，男性のみではなく，女性の人材供給源があることは対策の一つであるし，社員の能力開発の面でもプラスであろう。また，企業が女性を積極的に活用することは，次世代の女性や保護者の職業指向を強める。過去30年間に高等教育機関に進学する女性の割合は飛躍的に上昇したが，その背景には，少子化と大学数の増加で進学が容易になったことのほかに，企業における女性活用促進等が影響していると考えられる。この背景には，1985年に日本は国連の女性差別撤廃条約を批准し，男女雇用機会均等法の制定など国内法を整備してきたことが社会に大きな変革をもたらしたと分析される。また，昨今の少子高齢化による人口減少が労働力としての女性に期待する傾向を強めていると考えられる。

近年，差別の是正という意味で重視されてきているのは，LGBT（レズビアン，ゲイ，バイセクシュアル，トランスジェンダー）といわれる性的指向や性自認の面で少数派である人々への対応である。世界的な動向が日本国内の企業にも影響を与えており，原田（2018）は以下のような近年の動向が注目されるとしている。2015年に東京都渋谷区は，渋谷区男女平等及び多様性を尊重する社会を推進する条例に基づき，同性のカップルに対して結婚に準ずる関係と認めるパートナーシップ証明書の発行を始めた（東京都世田谷区では区の要綱に基づくパートナーシップ宣誓の取り組みが実施されている）。こうした社会的変化に対応して，第一生命保険は渋谷区の証明書によって同性パートナーを保険金の受取人に指定できるとした。また同社は幹部1,000名以上にLGBTに関する研修を実施するとともに，社員に対しては休暇や社宅貸与基準の面で同性パートナーを家族とみなすこととした（日経ビジネス，2016）。また，損害保険ジャパン日本興亜は，外部講師によるLGBTに関する社員向け勉強会を定期的に開催したり，性別に関係なく使用できるトイレ

や更衣室などを社内に設けたりするなどの取り組みを開始した（日本経済新聞，2016）。その他の生命保険会社や携帯電話会社の家族割等の商品設計においても変化が徐々に生じている。これまで LGBT 市場は未開拓であったと言えよう。それだけに企業としては今後の発展に期待する面もあるのだろうが，そもそも性的指向の差別は是正されるべきであることを認識することが必要である。

また 2014 年 12 月以降，オリンピック憲章に性的指向の差別禁止が盛り込まれたことから，五輪のスポンサー企業が対応を進めている面もあるという。家族を対象とする福利厚生を LGBT のパートナー関係へ広げる動きは，外資系企業のみならず大手日本企業にも見られる。以上のように，性別を理由とする差別を行わないことは企業の社会的責任（Corporate Social Responsibility: CSR）の面で避けられない。とりわけ多国籍企業においては，組織管理面における世界的な評価が有能な国内外の人材獲得につながるため，CSR に関して意識を高く持つことは重要である。

2. 国際経営と企業倫理

ダイバーシティという視点は企業倫理と密接に関連している。地球規模の経済活動が各国の自然・社会・人に対する影響を強めている。本節では，現状において多国籍企業に求められる企業倫理の視点を紹介する。

国連の世界人権宣言（1948 年採択）は，「すべて人は，人種，皮膚の色，性，言語，宗教，政治上その他の意見，国民的若しくは社会的出身，財産，門地その他の地位又はこれに類するいかなる事由による差別をも受けることなく，この宣言に掲げるすべての権利と自由とを享有することができる。」と述べている（外務省，2016）。さらに，21 世紀に発足

した国連グローバル・コンパクト（UNGC。国連事務総長室の傘下にある組織）は，企業は雇用と職業における差別の撤廃を支持すべきであるとし，上記の要素に加えて「年齢，障がい，HIV／エイズへの感染，労働組合への加入および性的指向」を挙げている。

　国際的な経営活動において，企業は法に定められた事柄のみではなく，普遍性の高い原則をも前提に行動することが重要である（原田，2018）。この種の高い次元の行動方針は，組織階層の中低位の担当者レベルの決心だけでは組織全体で貫徹することができない。なによりも経営トップがリーダーシップを用いて社員の行動に方向性を持たせることが求められる。アメリカの経済誌『Fortune』が選ぶ有力500社に注目すると，うち9割の企業には行動指針（codes of conduct）があり，7割には明文化されたヴィジョンと価値基準がある（Donaldson et. al., 2017）。たとえば医薬・医療製品のジョンソン・アンド・ジョンソンは，同社の信条（credo）を大切にしており，credoの点検のために管理職が現実の経営問題に即して倫理面から討論し，討議内容が全社および顧客やサプライヤーと共有される（Donaldson et. al., 2017）。

　行動指針には，誘惑の多いビジネスシーンにおいて倫理的行動はどのようなものか明らかに示す役割がある。ビジネスを円滑に進めるために賄賂を贈ることは，たとえ賄賂が社会慣習化している国であっても許されるものではない。多国籍企業の社員は「郷に入れば郷に従え」という文化的相対主義がCSR（企業の社会的責任）の観点で許されると考えてはならない（Stahl et. al., 2017）。むしろ多国籍企業こそは企業倫理を認識した行動をとる必要があると考えられる。国内外に利害関係者（顧客，株主，従業員，取引先等）が無数にある多国籍企業の影響力は巨大であるから，自らを律することが必要であるし，不注意な行動が意図しない負の影響（ブランドの毀損や不買運動等）を生じることもある。多

国籍企業にとっては，常に慎重に行動することが最も賢明な方針であろう。

前述の国連グローバル・コンパクト（UNGC）やGRLI（Globally Responsible Leadership Initiative），WBCSD（World Business Council for Sustainable Development），CSR Europe等による，倫理的企業行動に関する社会的呼び掛けは確実に企業に影響を与えている。

Stahl et. al.（2017，p. 440）は，現代の多国籍企業がリーダー的立場を自覚して真剣に取り組むべき課題を以下のようにまとめている。すなわち，①持続可能性（将来世代に対する環境，社会，経済の責任），②倫理（複雑な倫理的課題に対する効果的な対応），③共同体の一員としての行動（人権，社会正義，環境保護等に対する責任），④ダイバーシティ（ダイバーシティに対する効果的な対応。およびダイバーシティに関して利害関係者の複合的でしばしば相反する関心の釣り合いをとること）である。しかしこれら4点それぞれに対立・矛盾する要素があるとAust and Claes（2017）は下記のように指摘する。すなわち，持続可能性のなかには，現在と将来のどちらをとるか，また，効率性か資産の重視かという対立がある。倫理面では，効率と責任のどちらを重視するか，文化的相対主義で行くか倫理的帝国主義で行くかという問題がある。共同体の一員としての行動という意味では，ローカルな法的義務を超えて地球共同体の一員としてコストをかけて法的に求められる以上の行動をとるかという決断が求められる局面もあろう。

ダイバーシティの観点では，「グローバルな（世界的に認められている）価値観／慣行」対「ローカルな（地域固有の文化的な）価値観／慣行」という対立軸がみられる。正解がなく，矛盾が消えることもないだろうが，地球規模で活動する多国籍企業は，巨大な影響力にふさわしい行動原理を意識することが社会的に期待されるようになってきている。

《学習課題》
1. ダイバーシティ・マネジメントが注目される背景について，あなたの身近にある例から考えてみましょう。
2. 多国籍企業の社会的責任が問われるニュースを本日の新聞から探してみましょう。ないしは，過去に企業の社会的責任が問われて，不買運動などに発展した例があったか考えてみましょう。

《日本語引用文献》

本章は原田順子『多様化時代の労働』（2010年，放送大学教育振興会）の第3章「ダイバーシティ・マネジメント」（原田順子）を一部引用し，加筆したものである。

・有村貞則（2007）『ダイバーシティ・マネジメントの研究』文眞堂.
・外務省（2016）『世界人権宣言（仮訳文）』
　〈http://www.mofa.go.jp/mofaj/gaiko/udhr/1b_001.html〉2016年4月30日検索.
・国連グローバル・コンパクト（UNGC）（2016）『国連グローバル・コンパクトについて』
　〈http://www.ungcjn.org/pretest/gc/principles/06.html〉2016年4月30日検索.
・谷口真美（2005）『ダイバーシティ・マネジメント：多様性をいかす組織』白桃書房.
・日経ビジネス（2016）「人事制度から売り場までLGBT，企業を動かす」『日経ビジネス』2016年2月8日号，pp. 52-55.
・日本経済新聞（2016）「社員にLGBT勉強会」12月20日朝刊，p. 29.
・日本経営者団体連盟（2003）『日経連ダイバーシティ・ワーク・ルール研究会報告書』
　〈http://www.nikkeiren.or.jp/h_siryou/2002/20020515.htm〉（2008年10月9日アクセス）
・日本貿易振興機構（2017）『2016年度日本企業の海外事業展開に関するアンケート調査』.
　〈https://www.jetro.go.jp/ext_images/_Reports/01/5b57525465154f73/

20160135.pdf〉2018 年 2 月 25 日検索.
- 原田順子（2018）「ダイバーシティ対応の新潮流」, 人材育成学会編『人材育成ハンドブック（仮）』金子書房（出版予定）.
- マーサージャパン with C-Suite Club（2008）『個を活かすダイバーシティ戦略』ファーストプレス.
- 谷田部光一（2017）「女性活躍推進法と人材マネジメント」『政経研究』54（2）, pp. 173-202.
- 山口一男（2008）『ダイバーシティ：生きる力を学ぶ物語』東洋経済新報社.

《外国語参考文献》

- Aust, I., Claes, M（2017）'Global leadership for sustainable development', in Reiche, S. edited, *Readings and cases in international human resource management*, Chapter 5.3, 6th edition (eBook), New York：Routledge.
- Donaldson, T.（2017）'Values in tension：Ethics away from home', in Reiche, S. edited, *Readings and cases in international human resource management*, Chapter 5.1, 6th edition (eBook), New York：Routledge.
- Mathis, R. L. and Jackson, J. H（2007）*Advantage Series：Human Resource Management：Essential Perspectives*, 4th Edition, Independence KY：Cengage Learning〈マティス, R. L., ジャクソン J. H（2008）西川清之・江口尚文・西本香織訳『人的資源管理論のエッセンス』中央経済社〉
- Stahl, G. K., Miska. C., Noval,. J., Patock, V. J.（2017）'The challenge of responsible global leadrship', in Reiche, S. edited, *Readings and cases in international human resource management*, Chapter 5.2, 6th edition (eBook), New York：Routledge.

索引

● 配列は五十音順，f. は次頁，ff. は以下数頁に同じ用語出現を示す．

●あ 行

アウトバンド 10
暗黙知（tacit knowledge） 86, 89ff., 93ff., 99
暗黙知依存の危険性 86, 93
イノベーターのジレンマ 184
異文化シナジー効果 76
インカム・アプローチ 113, 124
インカム・ゲイン 21, 25
インターナショナル 131ff., 142, 144
インバウンド 10
受取手形および売掛金 57, 59, 71
売掛金回収 57, 59
運営委託契約 114
エスノセントリズム（ethnocentrism） 131, 136ff.
オーバーシューティング（overshooting） 195, 204, 208ff.
オーバースペック的な製品開発 184
オープン・モジュール化 152

●か 行

海外直接投資 24
開発リードタイム 165
合併 36, 113ff.
合併・買収 27, 30, 51, 114
株式の公開買付け（TOB） 113
株主総会 27, 113, 117ff., 122
刈り取り型 219
為替レート 30, 57ff., 195ff., 208ff.
関連多角化 113, 119f.
機会主義（opportunism） 38, 46, 48ff., 55
機会の窓 150
企業の社会的責任（CSR） 231
企業の優位性 41ff., 52ff., 87
記号（symbol, sign） 86, 88f.
技術能力 170
キャピタル・ゲイン 21, 25, 129
キャピタル・ロス 129
吸収合併 115
金利 57ff.
金利平価（interest rate parity） 195, 203ff., 207f.
グリーン・フィールド・インベストメント（green field investment） 61, 113f., 197
グローカル 135
グローバル 131ff., 142ff.
経営資源（managerial resources） 38, 43ff., 53, 87, 119
形式知（explicit knowledge） 86, 90ff., 95, 99

減価償却 113, 125f.
減損（impairment） 113, 126, 128f.
減損損失 113, 126ff.
現地調達 191
限定された合理性（bounded rationality） 38, 46, 49ff., 95
公開買付け 122
購買力平価（purchasing power parity） 195, 198ff., 206, 211
後発性の不利益 150
後発性の利益 149
合弁事業（Joint Venture） 27, 43, 113, 116f.
コーポレート・ガバナンス 22, 113, 117, 119
顧客の分散化 166
国際合弁事業 12, 21, 23, 27, 113
コスト・アプローチ 113, 124f.
コスト競争力 170
固定相場制 13

●さ 行

サービス貿易 24, 31
サプライチェーン 10, 18
産業クラスター 102
参入（entry） 21, 23, 39
ジオセントリズム（geocentrism） 131, 137f., 140f.
時間管理能力 165
自殺攻撃 57, 67
システムLSI 186
シナジー（synergy）効果 113, 120
自爆テロ 67, 69
社会的能力 163
集合知（collective knowledge） 86, 95f., 98f.
需要者の調達行動 157
条件適合理論 78
証券投資（portfolio investment） 39f.
情報（information） 22, 86, 88f.
職務拡大 213f., 216f.
職務充実 213, 216f.
職務設計 213
職務転換 213, 217
人材の現地化 192
信用 57ff.
生産管理能力 172
政治リスク 60f.
製造装置の自動制御化 158
設計能力 165
折衷理論（eclectic theory） 38f., 53

設備投資能力　171
戦略的提携　21, 23, 29
創発（emergence）　86, 89

● た　行

対外間接投資　24
対外証券投資（foreign portfolio investment）　24f., 38f.
対外直接投資（FDI：foreign direct investment）　10, 12, 15ff., 21, 23ff., 27ff., 38ff., 52, 54f., 61, 87, 113ff., 196
対外直接投資の相互交流　40f.
退出（exit）　21, 23
対内直接投資　15
ダイバーシティ・マネジメント　225ff.
種まき型　219
知識（knowledge）　22, 86ff., 94f., 98
知識創造理論　86, 91f., 94
直接投資（direct investment）　26ff., 31, 38ff., 52ff., 141, 197
直接投資の相互交流　41f.
著作権利用許諾契約　114
通信規格の変革　155
デュー・ディリジェンス　61f., 113, 126f., 141
テロリズム　57, 62f., 65, 67f.
統合型企業のジレンマ　182
独占的優位性（monopolistic advantage）　42f., 52f.
トランスナショナル　131, 133, 135, 140ff.
取引費用（transaction cost）　38f., 46ff., 50, 52ff.

● な　行

内部化理論（internalization theory）　38f., 50, 52ff.
ナッシュ均衡　68
ニュースの役割　195, 204, 208
のれん（good will）　113, 127

● は　行

買収　51, 113ff., 123
ハイマー＝キンドルバーガーの命題　38, 43, 45
バンドワゴン効果　42
非関連多角化　113, 119f.
ビジネス・ユニット制　168
ビッグマック指数　195, 199f.
フィージビリティ・スタディ（F/S）　57, 61f., 127
フォーカル・ポイント　57, 68f.
部署間の情報交流・共有　176
プラットフォーム　155
フランチャイズ・ビジネス　26, 52

フランチャイズ契約　114
プラント輸出（turnkey agreement）　12, 21, 23, 27f.
プロダクト・サイクル理論　131, 142
文化相対主義　75
変動相場制　13
貿易（trade）　21, 24, 31
ボーン・グローバル　131, 141f.
ホフステード　75, 78, 81, 84
ポリセントリズム（polycentrism）　131, 136ff.

● ま　行

マーケット・アプローチ　113, 124
マルチ・ドメスティク　135, 137
マルチナショナル　131, 133ff., 142
ミリュー（milieu）　105

● や　行

輸出（export）　21ff., 28, 30, 196
輸入（import）　21ff., 28, 30f.

● ら　行

ライセンシング（licensing）　10, 12, 21, 23, 26ff., 30, 33, 54
ライセンシング契約　26ff., 32, 35, 38f., 52ff., 113f., 197
ランダムウォーク（random walk）　195, 204ff.
リージョセントリズム（regiocentrism）　131, 138, 140
リスク　57ff., 62
リスク・タイプ　57f.
利他的懲罰　57, 63, 65ff., 70
ローカル・ミリュー　105f.

● わ　行

ワン・ベスト・ウェイ理論　78

● 欧　文

CSR（Corporate Social Responsibility）　232
EPRG フレームワーク　131, 139
LGBT　230f.
M＆A（merger and acquisition）　10, 18, 27f., 30, 51, 61, 113f., 117, 119ff., 141, 197
OEM（Original Equipment Manufacturing）　12, 21, 23, 27ff., 52
OEM・ODM　153
PM（プロダクト・マネージャー）　168
TOB（takeover bid）　121f.

分担執筆者紹介

吉岡 英美（よしおか・ひでみ） ・執筆章→ 10・11・12

1974 年	広島県に生まれる
1997 年	山口大学経済学部卒業
2004 年	京都大学大学院経済学研究科博士後期課程修了（博士（経済学））
現在	熊本大学大学院人文社会科学研究部教授
専攻	アジア経済論，韓国経済論
主な著書	『韓国の工業化と半導体産業—世界市場におけるサムスン電子の発展—』（有斐閣，2010 年）
	『韓国主要産業の競争力』（分担執筆，アジア経済研究所，2008 年）
	『日韓関係史 1965-2015 Ⅱ 経済』（分担執筆，東京大学出版会，2015 年）
	Varieties and Alternatives of Catching-up: Asian Development in the Context of the 21st Century，（分担執筆，Palgrave Macmillan-IDE JETRO，2016）
	『低成長時代を迎えた韓国』（分担執筆，アジア経済研究所，2017 年）

編著者紹介

原田　順子（はらだ・じゅんこ）
・執筆章→1・5・7・14・15

略歴	企業勤務を経て，修士号（英 ケンブリッジ大学），博士号（英 リーズ大学）取得
現在	放送大学教授，PhD
専攻	経営学，人的資源管理
主な著書	『グローバル化と私たちの社会』（共編著　放送大学教育振興会，2015年）
	『海からみた産業と日本』（共編著　放送大学教育振興会，2016年）
	―2017年度日本港湾協会賞受賞―
	『人的資源管理』（共編著　放送大学教育振興会，2018年）
	など

洞口　治夫（ほらぐち・はるお）
・執筆章→2・3・4・6・8・9・13

1959年	長野県に生まれる
1982年	法政大学経済学部経済学科卒業
1991年	東京大学大学院経済学研究科応用経済学専攻 博士課程修了（経済学博士）
現在	法政大学経営学部教授
専攻	国際経営論
主な著書	*Collective Knowledge Management: Foundations of International Business in the Age of Intellectual Capitalism*, Edward Elgar, 2014.
	『MBAのナレッジ・マネジメント』（文眞堂，2018年）
	『集中講義　高校生の経営学』（共編著　文眞堂，2018年）
	『入門　経営学（第2版）』（共著　同友館，2012年）
	『グローバリズムと日本企業』（東京大学出版会，2002年）
	―第9回国際ビジネス研究学会賞受賞―
	『日本企業の海外直接投資』（東京大学出版会，1992年）
	―第35回日経・経済図書文化賞受賞―

放送大学教材　1548530-1-1911（ラジオ）

改訂新版　国際経営

発　行	2019年3月20日　第1刷	
	2023年8月20日　第2刷	
編著者	原田順子・洞口治夫	
発行所	一般財団法人　放送大学教育振興会	
	〒105-0001　東京都港区虎ノ門1-14-1　郵政福祉琴平ビル	
	電話　03（3502）2750	

市販用は放送大学教材と同じ内容です。定価はカバーに表示してあります。
落丁本・乱丁本はお取り替えいたします。

Printed in Japan　ISBN978-4-595-31950-1　C1334